U0148931

大陸當代小說散論

唐 翼 明 著

現代文學研究叢刊
文史哲出版社印行

國家圖書館出版品預行編目資料

大陸當代小說散論 / 唐翼明著. -- 初版. --
臺北市：文史哲, 民 95
頁： 公分. -- (現代文學研究叢刊; 24)
含參考書目
ISBN 978-957-549-694-4 (平裝)

1.中國文學 – 小說 – 現代 2.中國文學 – 散
文 –現代

820.908   95019796

現代文學研究叢刊　　24

大陸當代小說散論

著　　者：唐　　翼　·　　明
出 版 者：文 史 哲 出 版 社
http://www.lapen.com.tw
登記證字號：行政院新聞局版臺業字五三三七號
發 行 人：彭　　正　　雄
發 行 所：文 史 哲 出 版 社
印 刷 者：文 史 哲 出 版 社
臺北市羅斯福路一段七十二巷四號
郵政劃撥帳號：一六一八〇一七五
電話886-2-23511028 · 傳真886-2-23965656

實價新臺幣二四〇元

中華民國九十五年（2006）十月初版

ISBN 978-957-549-694-4

自　序

　　在台灣學界，不少朋友只知道我是研究大陸現當代文學的，而不知道我的本行其實是魏晉。我在武漢大學中文系攻讀碩士時，專業是魏晉南北朝隋唐文學，導師是國學名家胡國瑞先生，碩士論文是《從建安到太康 —— 論魏晉文學的演變》。在美國哥倫比亞大學東亞語言文化系攻讀博士時，導師是夏志清先生，夏老師雖然是研究現當代小說的大師，還是鼓勵我把主要精力放在魏晉上，博士論文寫的是魏晉清談（*The Voices of Wei-Jin Scholars : A Study of Qingtan*）。後來之所以涉入現當代文學的領域，多少有些偶然。

　　1990 年我從哥大畢業，決定來台陪侍別離四十餘年的年邁的雙親，同時受聘於中國文化大學。那時台灣社會剛剛解嚴不久，各界渴望了解對岸幾十年來的發展狀況。就文學方面而言，在解嚴時代，不要說 1949 年以來的文學狀況台灣學界幾乎一無所知，就是三十年代的文學（實際上是指 1917 年文學革命到 1949 年之間的新文學）也所知甚少。因為那時代文學思潮左傾，魯迅、茅盾、郭沫若、老舍、巴金、曹禺這些人自然是不宜介紹的，剩下的便只有徐志摩、朱自清、梁實秋這幾個人了。當時文大中文系主任金榮華先生認為有開設這方面課程的必要，而我的到聘似乎

正好有了合適的人選。因爲我生於大陸，長於大陸，受教於大陸，親歷了大陸社會一系列的運動與變遷，也必然熟悉大陸現當代的文學作品，更何況我在哥大的指導老師又是夏志清先生呢。於是徵求我的意見，我那時也覺得向台灣學子介紹大陸現當代文學的狀況，似乎是自己義不容辭的一個責任，便慨然答允了，開設了《中國現代文學史》及《大陸當代文學》兩門課程（後來在淡江大學中文系兼任時也開《大陸當代文學》一課。）這樣我便一腳踏入了現當代文學的研究領域。我雖非研究現當代文學出身，但在台灣的大學校園裡向年輕學子全面介紹大陸現當代文學狀況的，我大概是第一人。然而這完全是當時的形勢使然，並非我自己學術生涯的預先規劃或自然走向，所以說是偶然。

但偶然中也有一些必然的因素。我在研究所裡下功夫的主要是古典文學，但我對現當代文學一直是熱心關注的。我不僅在青少年時代已經閱讀了大量的現當代文學作品，而且還親自發起組織過兩個文學社團，都是以研究與創作現代文學作品爲目的的。一個是在武漢實驗中學任教時與幾個年輕教師（謝麓彬、高宏、張慶圭、廖起蜀）組織的「拓荒者詩社」（1961-1963）。這個詩社雖然只存在了一年多，卻爲我在文革中招致了兩年多的牛棚之災。詩社被打成「反革命集團」，幾乎每個成員都被批判、鬥爭、貼大字報、剃光頭、遊街、勞動改造，在我們年輕的生命中留下了永遠磨滅不了的痛苦記憶，我後來之轉入古典文學研究，至少一部份的原因是凜於此種可怖的炎威而思躲入較遠離意識形態控制的象牙塔之故。另一個是在紐約哥倫比亞大學讀書時，與幾個愛好文學的同學和朋友（于仁秋、王渝、查建英、譚加東、吳千

之、江宇應）發起組織的「晨邊文學社」（Morningside Literary Society, 1987-1990）。這個文學社存在了三年多，發表了不少作品，不少大陸當代名作家訪美時都曾經是我們的座上客（參看本書〈記晨邊社，並論留學生文學〉一文。）此外，我在哥大受教於夏志清先生，他對現當代小說的研究自然也對我有不小的影響，我曾經一度想轉向研究現當代文學，還是他勸我說：「你畢業後若想在美國教書，博士論文還是以作古典爲好，如果對現當代有興趣，可以到教書以後再去做。」總之，我在研究中國古典文學時，一直都還保有對現當代文學的關注與興趣，事實上，我一部份關於現當代文學的論文就是在哥大唸書時寫的。如果我一直埋首於古典，從來就對現當代不屑一顧的話，恐怕在 1990 年時就不會也不敢接受金榮華先生的提議吧。

我在文化大學教了四年（1990-1994），後來轉入政治大學（1994 至今），除了開設魏晉方面的課程（如《魏晉玄學》、《世說新語》外），也還繼續開設現當代文學的課程（如《中國現代小說》──上半年講三十年代文學，下半年講大陸當代文學，《中國現當代小說研究》、《大陸當代小說》等）。十多年來，一直是「兩條腿走路」，一路彳亍到今天。

收在這個集子裡的是我歷年來寫的有關大陸當代小說的論文（包括對作家作品的評論），大部分曾發表於各雜誌報刊，沒有什麼系統，故名之曰「散論」。我對大陸當代文學較爲系統的見解則可參看《大陸新時期文學（1977-1989）：理論與批評》（台北，東大圖書公司，1995）與《大陸「新寫實小說」》（台北，東大圖書公司，1996）二書。把這些不成系統的散論集成一書的目的，

在我自己不過是如蘇東坡所說的「雪泥鴻爪」，聊存印跡，證明有一段生命曾經耗費在這些地方，至於能不能給讀者一些啓發，一些愉悅，那就留給讀者自己去評論吧。

唐翼明 2006.9.24

大陸當代小說散論

目　　次

論意識流及其對中國現代小說的影響

一、前　言

　　最近百餘年來，世界小說藝術最引人注目的進展就是「意識流」的試驗與流行。而一九八〇年代初期，在王蒙、高行健等人的提倡下，「意識流」被引進大陸文壇，也是促進中國文學進一步現代化、從而與世界文學接軌的重要關鍵。

　　但到底什麼是意識流？意識流包含什麼內容？作為心理現象的意識流與作為文學概念的意識流有沒有不同？有什麼樣的不同？作為文學概念的意識流是內容還是手段？還是兼指二者？什麼是意識流小說？它有哪些特徵？意識流對中國文學，尤其是對中國小說有什麼影響？哪些中國作家寫過什麼樣的意識流作品？……等等，這些問題在我們研究意識流與中國當代文學的關係這一課題時是不可迴避的，但似乎很少有人系統地探討過。本文的目的就是嘗試對以上問題作一番初步的清理。

二、什麼是意識流？

　　意識流一詞是英文 Stream of Consciousness 的中譯，它原本不是一個文學術語，而是美國心理學家威廉・詹姆斯（William James,1842-1910）在其著作《心理學原理》（Principles of

Psychology, 1890）一書中所使用的一個詞組。意識流這一概念揭示了我們大家習焉不察的一個極其重要的心理現象，即一個人的頭腦中存在著一股不間斷的意識之流。這股意識之流具備以下特徵：第一，持續性。一個人自生至死，無時無刻不存在著這樣一股意識之流，它是永不間斷的，連睡夢中也不例外。第二，私密性。這股意識之流永遠不為他人所察覺，更不可能與他人分享，甚至也常常為意識者本人所忽略。第三，變動性。這股意識之流不停留在一個點上，也沒有固定的可預測的軌道，而是隨著客觀的刺激與主觀的反應不停地變動著，難以把捉。第四，複雜性。這股意識之流的組成成分，並不都是合乎邏輯的理性，相反，它包含著理性與非理性，思想與情感，清楚的意識與模糊不清的意識、慾望、衝動、幻覺等等，總之，人的全部的心理活動構成了這股意識之流，這股意識之流也就是我們每個人可以直接經驗到的全部主觀世界，也就是我們每個人的全部主觀經驗 —— 這個主觀經驗自然又來自於對客觀世界的感受與回應。

其後柏格森（Henri Bergson, 1859-1941）的「直覺 —— 心理時間」說，佛洛伊德（Sigmund Freud, 1856-1939）的「潛意識」理論，榮格（Carl Jung, 1875-1961）的「集體無意識」理論，使我們對意識流的本質，尤其是意識流所包含的成份有了更多的認識。

在心理學揭示意識流這一現象之後不久，文學上也開始出現所謂意識流小說，如法國小說家艾都瓦‧杜雅爾丹（Edouard Dujardin, 1861-1949）的《月桂樹被砍了》（Les Lauriers Sont Coupes, 1888），愛爾蘭小說家詹姆斯‧喬伊斯（James Joyce, 1882-1941）的《尤利西斯》（Ulysses, 1922），英國小說家朵

羅西·理查遜（Dorathy Richardson,1873-1957）的《朝聖》（Pilgrimage,1915-1938），英國小說家維吉妮亞·吳爾芙（Virginia Woolf,1882-1941）的《達洛威夫人》（Mrs.Dalloway,1925），《燈塔行》（To the Lighthouse,1927），美國小說家威廉·福克納（William Faulkner,1897-1962）的《聲音與憤怒》（The Sound and the Fury,1929）等等。此後所謂意識流小說便流行開來，到現在意識流已成爲小說中一種常見的表現手法／敍述語言，而且被引進電影蒙太奇，獲得很大的成功。

　　很顯然的，作爲心理現象的「意識流」，並不是威廉·詹姆斯的發明，而是人類自有思想意識活動以來就存在的心理事實（當然不是可見的物質事實），威廉·詹姆斯只是對這一心理事實作了一個比較確切、相對完美的概括與表述，他的功勞是用 Stream 這樣一個生動的形象提醒我們注意這一事實的存在及其特徵。但是作爲文學概念的「意識流」，倒確實是在威廉·詹姆斯使用了這個詞組之後才進入文學領域的。威廉·詹姆斯的《心理學原理》出版於 1890 年，但該書中論述「意識流」的第八、第九兩章則早在 1884 年就已經發表了，而我們現在看到的可稱爲意識流的最早作品是杜雅爾丹的《月桂樹被砍了》，該書寫成於 1888 年，而正式發表更是晚至 1924 年了。這當然不是說文學作品描寫人的心理意識活動要遲至威廉·詹姆斯提出「意識流」之後才開始，文學作品中表現人的心理是古已有之的，接近意識流的描寫也在威廉·詹姆斯提出「意識流」之前就開始出現了，例如法國人說的「內

心獨白」[1]，俄國人說的「心靈辯證法」（托爾斯泰小說中有很多例子）以及出現在英國小說家喬治‧梅瑞狄斯（George Meredith, 1828-1909），及美國小說家亨利‧詹姆斯（Henry James, 1843-1916，威廉‧詹姆斯之弟）小說中人物的長篇自我反省都與「意識流」相近，但又還不等於我們今天認知的文學中的「意識流」。直至威廉‧詹姆斯提出「意識流」這一概念後，才給小說家們一種啓發，經過喬伊斯‧吳爾芙、福克納等文學巨匠的嘗試與努力，使小說在觀念與文體兩方面都出現令人矚目的變化，這才形成了今天我們稱之爲「意識流小說」的一種新型的小說。

　小說家們從威廉‧詹姆斯那裡得到的啓發是，既然人的精神世界是這樣一種永不間斷的、私密的、複雜的、有點神秘的意識流，那麼爲了真實地寫出一個人，怎麼可以不去理會它呢？表現人的這種真實的意識流動不正是小說家的任務嗎？傳統的小說忽略了這一面，一個有抱負的力求創新的小說家不正是可以往這方面開疆拓土嗎？如果說傳統的小說家著重在描寫人的外在行爲，寫的是「外宇宙」，那麼現在的小說家發現有一個同樣豐富複雜的「內宇宙」，可供他們施展身手，或者說，要真實地寫出一個人，其實寫「內宇宙」與寫「外宇宙」是同等重要的，而這正是傳統小說沒有發現而他們藉由威廉‧詹姆斯的理論突然發現了的世界，於是小說的觀念便由此發生變化了，至少是在以前的理解上

---

1 法國心理學家維克多‧艾格爾（Victor Egger）有《內心言語》（巴黎，1881）一書，即描述內心獨白現象；法國文壇至今拒絕使用「意識流」這一術語，而用「內心獨白」來替代。參看柳鳴九主編的《西方文藝思潮論叢‧意識流》（北京：中國社會科學出版社，1989 年）〈代前言〉P.4-5 及正文 P.3。

大大推進了一步。接下來小說家要思考的是，我們如何才能真實地表現這個「內宇宙」，或說用什麼方式才能帶領讀者進入人物的「內宇宙」呢？由此他們發展出一套新式的敘述手段或說敘述語言以便逼真地表現人物的意識流，從而小說的文體也由此發生變化了，一種新的小說文體出現了。小說觀念的擴展與小說文體的變革，這兩方面結合起來，便促成了近百年來小說藝術的最引人注目的進展。下面這段被廣泛引用的話最能證實以上的推論，這段話是吳爾芙 1915 年在題爲〈現代小說〉的一篇論文中說的：

> 頭腦接受千千萬萬個印象 —— 細小的、奇異的、倏忽而逝的，或者用鋒利的鋼刀鐫刻下來的。這些印象來自四面八方，宛然一陣陣墜落的微塵……如果作家能夠依據他的切身感受而不是依靠老框框，結果就會沒有情節，沒有喜劇，沒有悲劇，沒有已成俗套的愛情穿插或最終結局。生活並不是一連串左右對稱的馬燈，生活是一圈光暈，一個始終包圍我們意識的半透明層。傳達這變化萬端的，這尚欠認識尚欠探討的根本精神，不管它的表現多麼脫離常軌，錯綜複雜，而且如實傳達，盡可能不摻入它本身之外的，非其固有的東西，難道不正是小說家的任務嗎？[2]

很清楚，吳爾芙在這裡所說的「變化萬端、尚欠認識、尚欠探討的根本精神」，指的就是人的「內宇宙」，也就是威廉·詹姆斯所說的「意識流」，而她說要「如實傳達，盡可能不摻入它本身之外的，非其固有的東西」，則正是表達小說家們努力在尋找一種逼真

---

2 轉引自紀眾〈新時期小說創作中的意識流〉，載吳亮等編《新時期流派小說精選叢書·意識流小說》，長春：時代文藝出版社，1988 年，P.3。

地呈現人物意識的敘述手段、敘述語言，或說一種文體。

　　我無意誇大威廉·詹姆斯創造「意識流」這個詞組對「意識流小說」的產生所具備的意義，我說的只是「啓發」。事實上，「意識流小說」產生于二十世紀不是偶然發生的事件，它是整個時代精神的產物，是現代人注重個體、注重自我、重視人性、正視人的生存處境等思潮的產物，它只是受到威廉·詹姆斯的啓發，並從他那裡借用了「意識流」這個詞組，實際上促使它產生並發展成後來的樣子是與整個二十世紀的思潮分不開的。稍加分析，我們就很容易發現「意識流小說」與前面提到過的柏格森、佛洛伊德、榮格的學說乃至存在主義哲學都有相當密切的關係。這些不是本文想要探討的重點，就不申論了。

三、什麼是意識流小說？

　　那麼，到底什麼是「意識流小說」呢？或說，「意識流小說」如何定義呢？這看似簡單，其實是一個相當棘手的問題。寫意識流小說的作家並不是有了定義才去寫的，而是他們寫了之後人們才給他們的作品冠上「意識流小說」的名稱。而不同的意識流小說作家寫出的被稱爲「意識流小說」的作品也個個不同，所以至今「意識流小說」這個名稱雖然不脛而走，卻似乎找不到一個統一而精確的定義。但既然意識流小說是先有實再有名的，我們不妨從有意作意識流小說的作家對此種小說的理想憧憬來著手分析這個問題。

　　一個最容易的起點就是前引吳爾芙的那段話。吳爾芙在那段話已經說出了她對這種小說的理想憧憬，這憧憬包含目的與手

法，或說內容與形式，或如法國結構主義文論家們所說的故事（histoire）與敘述（récit）兩個方面。一方面，就目的，或內容，或故事而言，這種小說應當「傳達這變化萬端的，這尚欠認識尚欠探討的根本精神」，即人的精神世界「內宇宙」，或者逕說為「意識流」；另一方面，就手段，或形式，或敘述而言，這種小說應當尋找一種方式，力求「如實傳達，盡可能不摻入它本身之外的，非其固有的東西」，也就是說，要尋求一種盡可能接近意識流原樣的表達方武。所以照吳爾芙的理想來說，「意識流小說」應當是一種以表現人物意識流為目的（為內容、為故事），同時又使用一種最接近人物意識流的表現手法（或形式、或敘述語言）的小說。一個附帶的結果是，在這樣的小說裡，人物外部的行為，故事的情節，自然就變得不重要了，或者說，情節被「淡化」了，按照吳爾芙的說法，就是：「結果就會沒有情節，沒有喜劇，沒有悲劇，沒有已成俗套的愛情穿插或最終結局」了。

吳爾芙的話中還有一點很值得我們注意的是，她認為小說家在這種新小說中特別要努力傳達的「根本精神」是「尚欠認識尚欠探討」的「半透明層」，換句話說，她是想要描述人們精神世界中不甚清晰，我們至今認識不多的那一部分，也就是意識流中朦朧的、非邏輯性，非理性語言可以表達的情緒、慾望、幻夢等等。美國著名的意識流理論家羅伯特・漢姆弗萊（Robert Humphrey）在其《現代小說中的意識流》（Stream of Consciousness in the Modern novel, 1954）[3]一書中指出「意識」包含很多層面，為研究

---

3 此書有加利福尼亞大學出版社 1995 年新版，討論意識流小說定義部分的內容可參考徐言之的譯文《意識流小說》，載《中外文學》1977 年 8 月號（6

方便起見，可劃分為「語言層」與「前語言層」，意識流小說所關心的是意識中的「前語言層」，至於「語言層」的意識在意識流小說出現前就已經有很多作家寫過了。

　　這樣一來，我們可以首先把小說分成兩大類。第一類是傳統型小說，這類小說的重點在描寫「外宇宙」，即人物的外在行為及其因果關係，以客觀世界為其表現的重心，所以重情節，重人物表現在外的性格。第二類是心理小說（Psychological Novel）[4]，這類小說描寫的重點從「外宇宙」移向「內宇宙」，注重人物的內心和精神世界的運作，以人物的主觀經驗為其表現的重心，所以不重情節，不重故事，也不甚重視人物表現在外的性格，外在的客觀世界及其運作在這類小說中也有表現，但往往要經過主要人物意識的過濾，換言之，主要人物的意識彷彿一個銀幕，其他的人和事都只是在這個銀幕上才得以閃現。

　　我們接著可以把第二類小說再分成兩個小類。第一個小類的心理小說我們不妨稱之為「一般心理小說」，它表現的是人物意識中透明的部分，可以用語言明確表達的部分，即漢姆弗萊所說的「語言層」，諸如思考、推理、回憶，有邏輯的聯想等等。第二個小類的心理小說是一種特殊的心理小說，它努力想要表現的是人物意識中朦朧的、不甚透明的部分，或如漢姆弗萊說的「前語言」的部分。這種特殊的心理小說就是我們所說的「意識流小說」了。其實人的意識與精神世界猶如一座冰山，透明的，可以用語言明

卷 3 期）P.96-117。

4 美國學者李奧‧伊德爾（Leon Edel）有《現代心理小說》（The Modern Psychological Novel,1955）一書可以參看。日本文學界則喜歡用「心態小說」。

確表達的只是浮出海面的一小部分而已,「意識流小說」的野心正是力圖窺探那隱藏於海面下的廣大深厚的部份,至於能否做得到,做得到幾分,那是另外一個問題了。

所以,漢姆弗萊在前面提到的那本書中給「意識流小說」下了一個這樣的定義:

> 凡是寫作的基本重點,是在於探索小說人物意識中的「前語言」各心理層面,並以紀錄他們的精神活動的情況為目的的小說,即可稱為「意識流小說」。[5]

這個定義大體上是可以接受的,但是有美中不足,就是沒有提到表現方式 —— 而這,在意識流小說是很重要的一個因素,下面我會再加討論。

根據我們上面的分析可知,現在有一些被稱為意識流小說的小說,其實嚴格地說起來只是一般心理小說。最有名的是法國作家馬塞爾・普魯斯特(Marcel Proust,1871-1922)的《追憶似水年華》(A La Recherche Du Temps Perdu,1913-1923),在中國文學理論界幾乎毫無例外地被舉為意識流小說的代表作品,但它其實只是一部全部事實在回憶中展示的小說,一切都那麼清晰,那麼有條不紊,並沒有探討人物「前語言層」意識的企圖,稱之為一般心理小說當然沒有問題,但同後來喬伊斯等人的意識流小說顯然是不同類型的。其實歐美文學理論界是不把《追憶似水年華》作為意識流小說來看待的。法國人自己根本不使用意識流小說這個名稱,自然不會把普魯斯特的小說說成意識流的;美國人呢?漢

---

5 同注 3,《中外文學》6 卷 3 期,P.99。

姆弗萊明確表示《追憶似水年華》,「嚴格說來也不能算是意識流小說。」[6]艾布拉姆斯(M.H.Abrams)在《文學術語詞典》(A Glossary of Literary Terms)有關「意識流」的各詞條中也未提到此書。[7]同理,喬伊斯的自傳體小說《青年藝術家的畫像》(A portrait of the Artist as a Young man,1914)的故事也是在記憶中亦即記憶的屏幕上展開,且有大量的內心獨白,但也還只能算是心理小說而非意識流小說。[8]因為它甚少涉及前語言層的心理。

總之,意識流小說和一般心理小說的不同處,在於它所關心的是能以理性言語表達內在精神狀態之前的各種心理層面,這些心理狀態通常較不明朗,不是日常精神力量所能掌握得住的。[9]

四、什麼是意識流表現手法?

前面已經說過,意識流小說所要表現的內容是人物內心與精神世界的運作,也就是人物的主觀經驗世界,或說「內宇宙」,這其實與心理學上的「意識流」內涵沒有什麼不同,只是它更側重在企圖表現意識中「前語言」的部份而已。但是令我們好奇的是,或者說,其實更困難的是,採取什麼手法,或說敘述語言,才能夠表現人物的主觀經驗世界 —— 那極其私密的、複雜多變的、永不間斷的意識之流?尤其是那「半透明」的「前語言」部份?我

---

6 同前注 P.98。

7 See M.H.Abrams《 A Glossary of Literary Terms 》, Sixth Edition,Fort Worth,P.202,119,134,167。

8 參看王逢振譯《青年藝術家的畫像・譯者序》,台北:貓頭鷹出版社,1999年,P.1。

9 同注 3,《中外文學》6 卷 3 期,P.97。

們甚至免不了要懷疑：那意識之流是可以捕捉的嗎？那「前語言」如何用語言來表達呢？

為了研究這個問題，我們先來研究一般心理小說與傳統型小說在表現手法／敘述語言上有什麼不同。

傳統型小說寫的是：「一個人或一些人做了些什麼？」而心理小說寫的則是：「一個人（偶爾是一些人）心裡想（思考／回憶／感受）了些什麼？」由此出發，造成傳統型小說與心理小說在表現手法／敘述語言上有兩個最大的不同：第一，傳統型小說以人物／故事（或說情節）為基本結構手段，而心理小說則以主角的思惟、心理為基本結構手段。二、傳統型小說的敘述通常遵從「客觀時空」順序，即前後時間與連續空間，而心理小說則不一定要遵從客觀時空，而可以把前後時間顛倒重疊，把不連接的空間切割銜接，因為人的思維可以辦到，我們不妨稱之為「心理時空」。（由此兩大差異可以派生出許多細小的不同，為集中焦點起見，那些細小差異我們暫且略去不提。）

讓我們以《追憶似水年華》為例來做一個簡單的說明。在這部小說裡，真正的主角只有一個，就是「我」（馬塞爾），嚴格說來，其實只有「我」的頭腦才是小說的唯一主角，所有一切人物與故事只是在馬塞爾的記憶中浮現出來。因此，小說的結構不是按故事情節展開，而是按馬塞爾的回憶展開。當馬塞爾回憶時，有時想到一件事，同時聯想起幾年後與此相關的事，這是很自然的，於是我們讀到這樣敘述的句子：

幾年以後，當他到貢布雷我們家去吃飯的那些夜晚，我也

有這樣的經歷。[10]

時間從此刻跳到「幾年以後」，空間從這裡移到「貢布雷」，在傳統型小說裡，是不大可能出現這樣的敘述語言的。

意識流小說也是一種心理小說，只不過是比較特別的一種，那麼上述心理小說與傳統型小說的差異自然也適應用於描述意識流小說與傳統型小說的差異，現在我們要問的是：這種特別的心理小說 —— 意識流小說與一般心理小說有什麼不同呢？

如果說一般心理小說寫的是：「一個人（或幾個人）心裡想了些什麼？」那麼意識流小說寫的是：「一個人（或幾個人）意識裡流動了些什麼？」我這裡用「意識」及「流動」來取代「想」，是因為一般心理小說裡的「想」，基本上屬於能以語言清晰表達的思考、回憶、情感之類，而「意識流小說」裡的意識則不僅包含了這些，還要包含朦朧不清的，難以用語言切實捕捉與清晰表達的飄忽不定的思緒，零碎片段的印象，東流西竄的聯想，忽起忽落的心情，似夢非夢的幻想，靈光一現的直覺等等，即所謂「半透明層」、「前語言層」的東西。很容易明白，意識流小說的表現手法／敘述語言相較於一般心理小說只是程度上的差別而非本質上的差別，換言之，它會把一般心理小說中那些不同於傳統型小說的手段用得更徹底，更變本加厲，更靈活多樣而已。例如時空切換，意識流小說中的時空切換會更頻繁，更跳躍，也就是說，心理時空的特色會更明顯。

我這裡特別想討論一下意識流小說家如何改進（或變革）表

---

10 馬塞爾・普魯斯特：《追憶似水年華・在斯萬家那邊》，台北：聯經，1992年，李恆基等譯，P.323。

達意識的方法以求把意識的「流動」感、飄忽感，前語言層的朦朧感、「半透明」感……盡可能如實地表達出來。

根據西方學者的研究，小說中表達人物思想意識和表現人物話語一樣，大約有以下幾種主要方法：[11]

1. 直接引述。例如：他想：「二嫂這回幫了大忙，我真得好好謝她。」

2. 間接引述。例如：他想，二嫂這回幫了大忙，他真得好好謝她。

3. 自由直接引述。例如：二嫂這回幫了大忙，我真得好好謝她。

4. 自由間接引述。例如：二嫂這回幫了大忙，他真得好好謝她。

5. 間接敘述。例如：二嫂的幫忙讓他很感激，他決定要好好謝她。

這裡所謂「直接」、「間接」主要牽涉到人稱，是人物直接出面說出自己的想法還是敘述者代他說出心裡的想法。「自由」則是指沒有引導詞（「他想」之類），因而可以自由結合。

不難看出，其中第三、第四種亦即自由引述而沒有引導詞者，最適合拿來表現人物意識的原樣，因為敘述者已經體驗到人物所體驗的而沒有留下自己在場的痕跡，所以後來為心理小說所廣泛採用，「自由直接引述」發展成為「內心獨白」（"interior

---

11 See Wallace Martin:Recent Theories of Narrative,Ithaca:Cornell University Press,1986.Third printing,1994,P.136-142，同時參看慈繼偉：〈意識流與內心獨白辨析〉，載柳鳴九編《西方文藝思潮論叢‧意識流》（同注1）P.8-9。

monologue"，通常篇幅較長），而「自由間接引述」則發展成爲「自由轉述體」（free indirect Style）。進一步研究可以看出，在「自由間接引述」以及由此而發展出來的「自由轉述體」中，由於人稱的變化使讀者還模糊地可以感受到敘述者的聲音（所以巴赫金認爲是「雙聲話語」，a dual-voiced discourse）而在「自由直接引述」以及由此而發展出來的「內心獨白」中則一點都感覺不到了，所以心理小說，特別是意識流小說中「內心獨白」用得特別多。例如《尤利西斯》最後一章（第十八章）從頭至尾幾十頁就完全是主角布魯姆的老婆瑪莉恩的「內心獨白」。[12]又如《聲音與憤怒》第一章是白痴本吉（Benjy）的「內心獨白」，而第二章則是精神異常的昆丁三世（Quent in Ⅲ）的「內心獨白」。

　　「內心獨白」如果是用完整、清晰、有邏輯的語言表現的，則頂多只能表現意識中理性的、透明的部分，而意識流小說家的野心是要表現那些半透明的，前語言層的意識，所以他們試圖以破碎的句子，有頭無尾的句子，即往往只有一個主詞或一個詞組的句子，不連貫的句子，無邏輯的句子，莫名其妙的句子，有時還兼用暗示、象徵、自由聯想（也不妨說是胡亂聯想）等辦法來表現意識的流動感、飄忽感，以及前語言層的朦朧，非理性。有的學者主張只把這樣寫成的內心獨白叫做「意識流」，而把「內心獨白」一詞保留給那些清晰敘述出來的人物思想、記憶、情感等等，[13]但更多的學者則沒有做這樣嚴格的區分。

---

12 參看蕭乾、文潔若譯《尤利西斯》，台北，貓頭鷹出版社，1999，P.l271-1353。
13 參看漢姆弗萊《現代小說中的意識流》同注 3，《中外文學》P.100，並參看慈繼偉：〈意識流與內心獨白辨析〉同注 1，P.l-14。美國著名文學理論家 M.H.艾布拉姆斯在其所著《文學術語詞典》（A Glossary of Literary Terms）

讓我們仍然從《尤利西斯》中來引個例子。下面這一段引文取自第二章，斯蒂芬在課堂上讓學生背詩：

「那麼，接著背下去，塔爾博特？」

「故事呢，老師？」

「待會兒。」斯蒂芬說：「背下去，塔爾博特。」

一個面色黧黑的少年打開書本，麻利地將它支在書包這座胸牆底下。他不時地瞥著課文，結結巴巴地背誦著詩句：

莫再哭泣，悲痛的牧羊者，莫再哭泣，

你們哀悼的利西達斯不曾死去，

雖然他已沉入水面下……

說來那肯定是一種運動了，可能性由於有可能而變為現實。在急速而咬字不清的朗誦聲中，亞里斯多德的名言自行出現了，飄進聖熱內維艾芙圖書館那勤學幽靜的氣氛中；他曾一夜一夜地隱退在此研讀，從而躲開了巴黎的罪惡。鄰座上，一位纖弱的暹羅人正在那裡展卷精讀一部兵法手冊。我周圍的那些頭腦已經塞滿了，還再繼續填塞著，頭頂上是小鐵柵圍起的一盞盞白熾燈，有著微微顫動的觸鬚。在我頭腦的幽暗處，卻是陰間的一個懶貨，畏首畏尾，懼怕光明，蠕動著那像龍鱗般的褶皺。思維乃是有關思維的思維。靜穆的光明。就某種意義上而言，靈魂是全部存

一書裡則主張用「意識流」來「表示作家所採用的描寫或表現人物的整個意識狀態和過程的種類繁多的技巧」，而用「內心獨白」來「表示一種再現人物內心所產生的意識的原樣；以及其流動的軌跡和節奏的技巧」，見朱金鵬等譯本，北大出版社，1990 年 11 月。

在：靈魂乃是形態的形態：突兀、浩瀚、熾烈的靜穆：形
態的形態。[14]

很顯然的，引文中最後一段就是斯蒂芬的意識流 —— 他一面聽學
生背書，一面引發的各種聯想與思緒：由學生背的詩句想起亞里
斯多德的名言：「潛在可能性變為現實的過程即是運動。」由亞里
斯多德的名言想到聖熱內維艾芙圖書館（也許斯蒂芬就是在這個
圖書館裡讀到亞里斯多德的書的吧），於是又浮現出當年在這個圖
書館裡讀書時的情形，又想到「思維」、「靈魂」這些形而上的概
念，又想亞里斯多德說的：「頭腦乃是形態的形態。」的話。

　　我們可以注意到這些思緒是飄忽的、自由的、沒有控制、沒
有目的的，跟邏輯思維完全不一樣，也不是有意的回憶，它是漫
無目的的，也不追求完整、清晰，例如亞里斯多德的名言沒有完
整出現，如果不熟悉亞里斯多德的著作，就根本不知道斯蒂芬在
想什麼。而「靜穆的光明」、「突兀、浩瀚、熾烈的靜穆」、「形態
的形態」，都不是完整的句子，只是詞組。這一段描寫裡還充滿了
意象、隱喻、象徵。例如「白熾燈」是寫實，也是象徵光明，象
徵知識，於是反襯出不肯動腦筋的「懶貨」，「龍鱗般的褶皺」則
暗喻大腦皮層的溝回，又出自布萊克的詩：「我在地獄的一家印刷
廠裡，看見知識怎樣一代一代地傳播。第一車間有個龍人在清除
洞口的垃圾：裡面，一批龍在挖洞。」斯蒂芬是一個飽讀詩書的
知識份子，他的意識流如此，很自然，很真實。

　　我們還可以注意的是，作者從斯蒂芬的外在行為寫到內在意

---

14 同注 12，P.96。

識，中間都沒有任何引導詞，甚至連一點暗示都沒有，這正是意識流的標準手法，一種在喬伊斯手上創造出來並發揮到極致的手法。用這種「自由」而「直接」的引述 —— 完全泯滅敘述者存在痕跡的方式帶領讀者於不知不覺之中走進人物的內心，走進人物的精神世界，彷彿自己也就變成了那個人物。這種「臨即感」（臨場而即時的感覺）之產生正是因為沒有敘述干擾之故。

綜合以上論述，我們可以歸納出意識流小說表現手法／敘述語言上不同於一般心理小說的兩個重要特徵：

第一，與一般心理小說中所見清晰、連貫的內心獨白不同，意識流小說中人物的內心獨白常是不清晰、不連貫的（因而一部分學者主張不把這種心理意識稱為「內心獨白」，而稱為「意識流」），有很大的跳躍性和飄忽感（即不易捕捉其內在的聯繫），其外部特色表現為破碎的句子，不合語法常規的造句法，缺乏必要的邏輯連繫，充滿暗喻、象徵等，有時甚至難以索解。

第二，在意識流小說中從人物外部行為寫到人物內在意識，中間完全沒有任何過渡句、引導詞，忽外忽內，忽內忽外，完全要靠讀者自己去體會、去琢磨，而一般心理小說通常都不會省去這類引導詞或過渡句。

嚴格地說來，我們或許應當把這樣的表現手法／敘述語言稱為「喬伊斯意識流表現手法」或「喬伊斯意識流敘述模式」，因為它基本上是喬伊斯在《尤利西斯》中發展出來的（雖然喬伊斯自己說他是從杜雅爾丹的《月桂樹被砍了》一書中學到此種手法的，但杜維爾丹顯然最多只能說是此種手法的先驅），以後為許多小說家不同程度地加以模仿，漸漸變成二十世紀文學中相當流行的一

種手法。「意識流」是不是一定要這樣寫？理論上至少不能說「一定」，因為前面提到過的五種表達意識的方法理論上也應當都可以用來寫意識流，其間的差別只是哪種更好、更有真實感而已。事實上，我們公認的幾位意識流小說的開創性前輩作家，他們各自的手法也相當不一樣，福克納與喬伊斯較接近，伍爾芙與喬伊斯就差別很大，若以《尤利西斯》為意識流小說的標準，則《達羅威夫人》與《到燈塔去》恐怕都要排除在意識流小說之外了。

五、中國現當代小說中的意識流

在中國文學理論界中普遍有一個錯誤的認知，以為中國現代文學對意識流的接受很晚，以為此種手法到 1980 年代以後在王蒙、高行健等人的提倡下才出現在中國小說中。其實不然，中國現代文學對意識流的接受毋寧說很早，只是「意識流」一詞並沒有跟著流行就是了。

為大家公認的中國現代小說的開山之作，魯迅的《狂人日記》就是一篇不折不扣的心理小說，其中有些段落就是寫「狂人」的意識流，例如第一章：

> 今天晚上，很好的月亮。
>
> 我不見他，已是三十多年；今天見了，精神分外爽快。才
> 知道以前的三十多年，全是發昏；然而須十分小心。不然，
> 那趙家的狗，何以看我兩眼呢？
>
> 我怕得有理。

這不是意識流是什麼？突兀的起結，不合邏輯的推論，奇怪的轉折，不大完整的句子（第一句），隱含暗示與象徵（「月光」、「他」、

「趙家的狗」）的語言，正是「狂人」意識裡閃爍流動的東西。又如第六節：

> 黑漆漆的，不知是日是夜。趙家的狗又叫起來了。
>
> 獅子似的凶心，兔子的怯弱，狐狸的狡猾，……

從外部的刺激（黑夜、狗叫），直接轉入人物的意識，意識的表達只是三個斷裂的詞組，像閃爍的幾個光點，這不是很接近喬伊斯的手法嗎？只是魯迅沒有像喬伊斯這樣有意地、大量地、反覆地使用罷了。

〈阿Ｑ正傳〉中也有幾處寫阿Ｑ的意識流，下面一段是從〈第七章　革命〉中摘下來的：

> 阿Ｑ飄飄然的飛了一通，回到土谷祠，酒已經醒透了。這晚上，管祠的老頭子也意外的和氣，請他喝茶，阿Ｑ便向他要了兩個餅，吃完之後，又要了一支點過的四兩燭和一個樹燭臺，點起來，獨自躺在自己的小屋裡。他說不出的新鮮而且高興，燭火像元夜似的閃閃的跳，他的思想也迸跳起來了。
>
> 「造反？有趣，……來了一陣白盔甲的革命黨，都拿著板刀，鋼鞭，炸彈，洋炮，三尖兩刃刀，鉤鐮槍，走過土谷祠，叫道：「阿Ｑ！同去同去！」于是一同去。……
>
> 「這時未莊的一伙鳥男女才好笑哩，跪下叫道：『阿Ｑ，饒命！』誰聽他！第一個該死的是小Ｄ和趙太爺，還有秀才，還有假洋鬼子，……留幾條嗎？王胡本來還可留，但也不要了。……
>
> 「東西，……直走進去打開箱子來：元寶，洋錢，洋紗

衫，……秀才娘子的一張寧式床先搬到土谷祠，此外便擺
了錢家的桌椅，──或者也就用趙家的罷。自己是不動手
的了，叫小 D 來搬，要搬得快，搬得不快打嘴巴。……
「趙司晨的妹子真醜。鄒七嫂的女兒過幾年再說。假洋鬼
子的老婆會和沒有辮子的男人睡覺，嚇，不是好東西！秀
才的老婆是眼胞上有疤的。……吳媽長久不見了，不知道
在哪裡，──可惜腳太大。」

阿 Q 沒有想得十分停當，已經發了鼾聲，四兩燭還只點去
了小半寸，紅焰焰的光照著他張開的嘴。[15]

如果把「他的思想也迸跳起來了」這一句刪去，把「阿 Q 沒有想
得十分停當，已經發了鼾聲」改寫成「阿 Q 打起鼾來了」，再把
中間的所有引號都拿掉，不就是喬伊斯式的意識流手法嗎？這類
意識流或準意識流的片段在魯迅的其他小說還可以找到，例如〈白
光〉寫陳士成落榜後發瘋投水前的心態有好幾處都屬此類，限於
篇幅，就不再摘引了。

　　如果說中國現代小說中沒有《尤利西斯》那樣意識流的小
說，[16]沒有喬伊斯那樣成熟的意識流手法，這自然是事實，但如
果說中國現代小說沒有受到意識流小說的影響，沒有人嘗試使用
意識流手法，則是不對的。上面舉的魯迅的例子就是證明。事實
上，中國現代小說興起於一九一七年文學革命之後，其時西方的
意識流理論、佛洛伊德學說都已經成形，讀過歐美小說（或通過

---

15 《魯迅全集》第一卷，北京：人民文學出版社，1981 年版，1987 年第三次
　　印刷，P.514-515。
16 這不包括一般心理小說，郁達夫的《沉淪》，丁玲的《莎菲女士的日記》都
　　可算心理小說。

日譯）的作家怎麼可能不受影響呢？越到後來，隨著同西方文學接觸的增加，這種影響自然就更大，嘗試使用意識流手法的作家也就更多。最著名的是三十年代在上海興起的新感覺派 —— 劉吶鷗、施蟄存、穆時英等人，他們的作品的重點在刻畫都市人的心態、情感（雖然施蟄存的作品常借古人的故事做外殼），因而對「意識流」理論與技巧自必特別傾心。這裡最具代表性的作品是穆時英的短篇〈白金的女體塑像〉。這篇小說寫一個中年獨身的男醫師給一個年輕漂亮的女病人看病治療時心裡所湧動的情感與慾望，亦即意識流。醫師一面給病人看病，一面就胡思亂想，這情形同《尤利西斯》第二章寫斯蒂芬一面上課，一面胡思亂想的情形如出一轍，穆時英的寫法同喬伊斯的寫法極爲近似，對人物外部言行的刻畫與對人物內部意識的呈現交替進行，二者之間也不用引導語或過渡詞，不同的只是穆時英將人物的意識流動置於括號中，以之同外部描寫區隔開來（穆時英另一短篇〈Pierrot〉也用同樣的處理）。這辦法應該是爲了便利讀者的閱讀，很可能是從日本新感覺派作家川端康成那裡學來的，川端的意識流小說《水晶幻想》（1922 年）就是這樣處理的。這當然也可以看作是東方作家在接受西方意識流手法時所做的一項折衷。下面這兩段意識流完全不用標點，與《尤利西斯》十八章的手法極爲神似：

> （屋子裡沒第三個人那麼瑰豔的白金的塑像啊『倒不十分清楚留意』很隨便的人性欲的過度亢進朦朧的語音淡淡的的眼光詭秘地沒有感覺似地放射升發了的熱情那麼失去了一切障礙物一切抵抗能力地躺在那兒呢）

> （主救我白金的塑像啊主救我白金的塑像啊主救我白金的

塑像啊主救我白金的塑像啊主救我白金的塑像啊主救
我……）

一九四○年代，張愛玲的小說裡也常常出現人物的意識流，只是
手法較為保守，通常是敘述者代為敘述，夾在一般性的敘述裡，
不是那麼顯眼。我們且從〈金鎖記〉中挑兩段來看：

> 七巧低著頭，沐浴在光輝裡，細細的音樂，細細的喜悅，
> （……這些年了，她跟他捉迷藏似的，只是近不得身，原
> 來還有今天！可不是，這半輩子已經完了——花一般的年
> 紀已經過去了。人生就是這樣的錯綜複雜，不講理。當初
> 她為什麼嫁到姜家來？為了錢？不是的，為了要遇見季
> 澤，為了命中注定她要和季澤相愛。）她徵微抬起臉來，
> 季澤立在她跟前，兩手合在她扇子上，面頰貼在她扇子上。
> （他也老了十年了，然而人究竟還是那個人呵！他難道是
> 哄她麼？他想她的錢——她賣掉她的一生換來的幾個
> 錢？）僅僅這一轉念便使她暴怒起來。（就算她錯怪了他，
> 他為她吃的苦抵得過她為他吃的苦麼？好容易她死了心
> 了，他又來撩撥她，她恨他。）他還在看著她。他的眼睛
> ——（雖然隔了十年，人還是那個人呵！就算他是騙她的，
> 遲一點兒發現不好麼？即使明知是騙人的，他太會演戲
> 了，也跟真的差不多罷？）[17]
>
> 季澤走了。丫頭老媽子也給七巧罵跑了。酸梅湯沿著桌子
> 一滴一滴朝下滴，像遲遲的夜漏——一滴，一滴……一更，

---

17 張愛玲：《張愛玲全集 5·傾城之戀》，台北：皇冠，1993 年，P.161-162。

二更……一年，一百年。真長，這寂寂的一剎那。七巧扶著頭站著倏地掉轉身來上樓去，提著裙子，性急慌忙，跌跌蹌蹌，不住的撞到那陰暗的綠粉牆上，佛青襖子上沾了大塊的淡色的灰。她要在樓上的窗戶裡再看他一眼。（無論如何，她從前愛過他。她的愛給了她無窮的痛苦。單只是這一點，就使她值得留戀。多少回了，為了要按捺她自己，她迸得全身的筋骨與牙根都酸楚了。今天完全是她的錯。他不是個好人，她又不是不知道。她要他，就得裝糊塗，就得容忍他的壞。她為什麼要戳穿他？人生在世，還不就是那麼一回事？歸根究底，什麼是真的？什麼是假的？）[18]

這兩段寫的都是七巧與姜季澤久別後再見面的情形，括號裡的部分顯然都是七巧的心情與思維，接近意識流，不過是經過敘述者整理，且由敘述者代為敘述出來的。如果以喬伊斯式的意識流手法作標準來衡量，張愛玲的這種表達意識的方式或許就不能稱為意識流，但是意識流的表現應該是可以允許有多種方式的，不必定於一尊。對於中國讀者的習慣而言，或許張愛玲的方式反倒是更受歡迎的一種。

　　一九四〇年代還有一個初出茅廬的小說家汪曾祺也曾經嘗試過意識流的表現手法，他在一九四六年寫的一個短篇〈小學校的鐘聲〉[19]，除了首尾兩段，中間都是回憶。值得注意的是這回憶的展開盡量保持它在腦海中浮現的原貌，幾乎沒有敘述者的整

---

18 同上，P.163-164。
19 這篇小說現在收在《茱萸集》，台北：聯合文學出版社，1988 年初版，1990 年三版，P.1-13。

理與干擾，這正是意識流小說家們著力之處。這篇小說本身並不
出色，但研究意識流手法對中國現代小說的影響時卻是不可忽略
的。

　　此後直到一九七〇年代末，中國（台灣除外）籠罩在共產黨
的意識形態的強光中，人的意識是要被改造的對象，自不可鼓勵
在小說家的筆下作自然主義的呈現，意識流理論與手法於是被當
作「腐朽的資產階級的玩意兒」加以拒斥，「意識流」在中國的文
學作品及文學理論中（台灣文學例外）絕跡近三十年。

　　一九七〇年代末，毛澤東去世，鄧小平上台，文革結束，改
革開始，中國大陸逐漸向西方「開放」，歐美文學作品與文學理論
也逐漸被「開放」進來 ── 包括意識流小說與意識流理論。第一
個在自己的作品中大膽試用意識流手法的是著名小說家王蒙。王
蒙於一九七一至一九八一年間，發表了一系列引人注目的新作，
計有中篇小說〈布禮〉[20]、〈蝴蝶〉[21]、〈雜色〉[22]；短篇小說〈夜
的眼〉[23]、〈風箏飄帶〉[24]、〈春之聲〉[25]、〈海的夢〉[26]、〈深的湖〉
[27]。這八篇小說不僅與王蒙過去的作品相比面目全非，也與幾十
年來，尤其是中共建國（1949）以來的中國現代小說的傳統大異
其趣，以至在大陸文壇引起了一陣騷動。這幾篇小說最令人耳目

---

20 發表於《當代》1979 年第 3 期。
21 發表於《十月》1980 年第 4 期。
22 發表於《收穫》1981 年第 3 期。
23 發表於《光明日報》1979 年 10 月 21 日。
24 發表於《北京文藝》1980 年第 5 期。
25 發表於《人民文學》1980 年第 5 期。
26 發表於《上海文學》1980 年第 6 期。
27 發表於《人民文學》1981 年第 5 期。

一新的地方就是它們使用了意識流或準意識流的表現手法／敘述語言，以表現人物的精神世界爲主旨，以人物的心理意識的流動作爲小說的基本結構手段，以心理時空取代客觀物理時空，有大量的人物內心獨白，而故事情節則明顯淡化，也不遵從小說必須塑造「典型環境中的典型性格」的革命現實主義文學教條。[28]這些，在一九八〇年代的世界文學中已司空見慣，毫不新鮮，但在閉關鎖國三十年，只允許毛式工具文學一花獨放的大陸文壇卻是相當前衛的。今天我們重讀王蒙這些作品，一方面肯定它們在促進中國文學現代化、世界化上所起的重要作用，另一方面也很容易看出，王蒙在意識流手法的引進上其實還是很保守的。王蒙筆下這些人物的內心世界實在太乾淨，太「正確」，太有理性了，他們的意識也太透明，太井井有條了，我們不得不質疑作者對他們的意識作了太多的裁剪與加工，從而損害了它們的真實性與可信度。同時，如果我們同意漢姆弗萊對意識流小說所下的定義（見本文第三節），即意識流小說的基本重點是探索小說人物意識中的「前語言」各心理層面的話，則王蒙的這些小說都不能視爲意識流小說，頂多只是一般心理小說罷了。

　　試以〈蝴蝶〉爲例。這個中篇小說寫的是共產黨一位高級幹部張思遠的故事，尤其是他在文革中的遭遇以及他與幾個女人的關係。如果按照傳統的寫法，一定會以張思遠的命運的前後曲折的變化爲線索來組織文本，但王蒙卻以張思遠到原先下放的鄉村

---

28 關於這個問題的較詳細的分析可以參看拙作〈王蒙的藝術革新與中國文學的現代化〉一文，見唐翼明著《大陸新時期文學（1977-1989）理論與批評》台北：東大，1985 年，附錄二。

「找魂」之後回到部長官邸，坐在沙發上的思緒、回憶來組織文本，這正是心理小說的慣例。小說對張思遠的內心世界有豐富細膩的展示，但是，讀者明顯地感覺到作者僅僅向我們展示了張思遠精神世界中清晰透明的而且是被共產主義意識形態認可的一面，應當還有模糊、「半透明」的、極其私密、不太乾淨、不太「正確」的一面，可惜我們看不到，因爲作者沒有寫。文本中以人名爲主的小標題標出張思遠意識的若干中心，也明顯地告訴我們，作者對人物的意識已經下過很多組織和剪裁的功夫了。試舉一段爲例：

> 他穩穩地坐在車上，按照山村的習慣，他被安排坐在與駕駛員一排的單獨座位上。現在他在哪裡都坐最尊貴的座位了。卻總不像十多年以前，那樣安穩。離開山村的時候，秋文和鄉親們圍著汽車送他。「老張頭，下回還來！」拴福大哥捋著鬍鬚，笑眯眯地說。大嫂呢，抹著眼淚，用手遮在眼眉上，那樣深情地看著他，其實，並沒有刺目的陽光，她只是用那手勢表示著她的目光的專注。秋文的飽經滄桑，仿佛洞察一切的悲天憫人的神情上出現了一種他從來沒有見過的期待和遠眺的表情，他們的分別是沉重的，他們的分別是輕鬆的。這樣，如秋文說的，他們可以更勇敢地走在各自的路上。路啊，各式各樣的路！那個坐在吉姆牌轎車，穿過街燈明亮、兩旁都是高樓大廈的市中心的大街的張思遠副部長，和那個背著一簍子羊糞，屈背弓腰，咬著牙行走在山間的崎嶇小路上的「老張頭」，是一個人嗎？他是「老張頭」卻突然變成了張副部長嗎？他是張副

部長，卻突然變成了「老張頭」嗎？這真是一個有趣的問題。抑或他既不是張副部長也不是老張頭，而是他張思遠自己？除去了張副部長和老張頭，張思遠三個字又餘下了多少東西呢？副部長和老張頭，這是意義重大的嗎？決定一切的嗎？這是無聊的嗎？不值得多想的嗎？[29]

這是張思遠坐在小汽車上的回憶與思索，也是意識流，但只是意識流中極理性的一層，與現代意識流小說家努力想探索的「前語言」層相距很遠。

　　我們顯然不應該苛求王蒙，即使他有足夠的藝術勇氣去探索那個「前語言」層，也不可能為中共社會所容許 —— 儘管鄧小平時代比毛澤東時代已經開明很多了。事實上，王蒙的那些試用意識流手法在我們看來還很保守的新作也還是受到諸如「艱澀難懂」、「不知所云」、「脫離群眾」的指斥，甚至有人說他的某些作品表現了「幻滅者的微末的悲涼」[30]，但總的看來，王蒙的試驗是成功的，立即得到不少人的支持與響應，也來參加這場使中國小說「現代化」的試驗。其中值得一提的是高行健。

　　高行健於 1981 年 9 月由廣州的花城出版社出版了一本九萬字的小冊子《現代小說技巧初探》，這本書集中介紹了西方現代小說的技巧，在介紹中把對作家作品、流派特色的分析與對大陸當時的創作實際的考察結合起來，以隨筆形式行文，頗有特色。其中便專有一章談「意識流」，有些見解很準確：

29　《王蒙文集》第三卷，北京：華藝出版社，1993 年 12 月 P.72。
30　見計永佑〈幻滅者的微末的悲涼 —— 評〈風箏飄帶〉〉，《北京日報》1980 年
　　8 月 7 日。

意識流語言在追蹤人的心理活動的同時，又不斷訴諸人生理上的感受，即味覺、嗅覺、聽覺、觸覺和視覺帶來的印象，因而把精神世界和外在世界聯繫起來，它即使在描寫外在世界的時候，寫的也還是外在世界通過人的五官喚起的感受。換句話說，意識流語言中不再有脫離人物的自我感受的純客觀的描寫。[31]

這種語言有一種特殊的魅力，能喚起讀者去體驗人物的內心活動。因此意識流也可以說是一種誘導讀者去自我體驗的藝術語言。[32]

他還針對那些反對引進意識流技巧，把意識流視爲「腐朽的資產階級的玩意兒」的意見提出犀利的反駁：

而心理活動的這般規律非英國人、法國人或德國人所專有，俄羅斯人、日本人或也用英語思維的美國人，當然也包括說漢語的中國人，其思維與感受的方式應該說本質上並無不同之處。工人和資本家，總統和車夫，他們的思想感情可以有階級意識與政治態度上的極大差異，以及文化程度的差異和性格的差異，而心理活動的規律畢竟相同，都可以用意識流這種文學語言來描摸他們各自的內心世界，復述他們的精神活動。腐朽的資本家和反動的政客並不等於用來描述他們的這種語言也腐朽，也反動，恰如記載帝王的無量功德的文言文本身無罪一樣。[33]

---

31 高行健：《現代小說技巧初探》，廣州：花城出版社，1981 年 9 月，P.29。
32 同上，P.31
33 同上，P.27。

不久，《上海文學》雜誌一九八二年第八期上引注目地刊發了當時文壇活躍人物馮驥才、李陀、劉心武等人圍繞這本書的通信，《小說界》雜誌上發表了王蒙致高行健的信，一時間可謂相當熱鬧。[34]

高行健不但在理論上提倡意識流等現代小說技巧，也身體力行，自己用意識流手法創作了好幾個短篇。例如〈雨、雪及其他〉，通篇寫的是敘述者的心理活動，即回憶他有一次在公園裡聽到的兩個女孩的對話，並由此引出他自己對人生的思考。特別可注意的是，敘事者用「你」來指稱自己 —— 高行健後來很熟練的人稱轉換在此已見端倪。這篇小說完全沒有情節，只有心理活動，心理敘述得很清晰，可說是典雅的心理小說，離嚴格意義上的意識流小說還有相當的距離。又如〈花豆〉，通篇是「我」的回憶、反省，也即是說，通篇是「我」的意識流，只最後四句才回到現實。不過，這意識流也不包含「半透明」的、「前語言」的層面，而是清醒的、有條理的意識，有跳躍，有時空切換，但大體上很容易看懂，脈絡也很清楚。總之，要說是意識流，也是經過改造、整理的意識流，作者顯然無意還原意識流的原貌。所以嚴格地說，也還是一般的心理小說。

高行健試驗意識流手法最用力、最成功的一篇小說是〈給我老爺買魚竿〉。這篇小說從頭到尾都是在追蹤主人公「我」的意識流動，寫得迷離恍惚，似煙似夢，波動跳躍，內外交通，形神互感，神龍見首不見尾，是一篇極具美感也極不易懂的妙文。文本從「我」的回憶開始，展開神遊，進入夢境，回到少年時代跟老

---

34 參考唐翼明《大陸新時期文學（1977-1989）：理論與批評》，P.66-70。

爺（即爺爺）在一起的快樂時光，又漸次從夢境轉入半醒，一面開始聽到電視機裡轉播世足賽的現況，一面繼續神遊，到文末「我」才完全醒過來。沒有看慣意識流小說的讀者可能完全看不懂文章在寫什麼，只覺得它東扯西拉，似乎完全沒有章法，而且零零碎碎，不知道作者要表現什麼主題，要告訴我們什麼；連標點都很奇怪，一路逗號到底，中間只有不多的幾個句號，明明是對話，又沒有引號，還有若干行根本就沒有任何標點符號。但是對意識流小說不陌生的讀者就會欣賞高行健大膽的嘗試與靈動的文筆。高行健的技法大抵上沒有超過喬伊斯，但他把喬伊斯式的意識流手法用得很熟練很恰當，尤其是小說後半部寫「我」從夢境轉入半醒，一方面頭腦還在繼續神遊，一方面耳朵已經開始接收電視台的轉播，二者互相穿插，現實與夢境相互引發，相互激盪。隨著「我」愈來愈清醒，神遊的部分就逐漸變短，而電視轉播的部分則漸多也漸頻繁，終至完全清醒。實在寫得既真實，又別出心裁，在技巧上彷彿是融會了《尤利西斯》第二章和第十八章兩章的寫法。我現在把這篇小說的最後一段轉抄於下，用括號把電視轉播的部分與神遊的部分做一個隔離，讀者自可領會高行健的技法及其意圖：

　　（馬拉多納，馬拉多納，帶球過人，射門！）射誰的門？（現在場上的比分是二比二，第一次出現了平局，和平鴿飛到了場內，現在離終場還有十七分鐘）十七分鐘可以做一個夢，人說作夢只需要一瞬間，夢也可以壓縮，壓縮餅乾，你吃過壓縮餅乾嗎？我吃過魚乾，裝在塑料口袋裡的魚乾，沒有鱗，沒有眼睛，也沒有劃破人手指的堅硬的尾

巴，這輩子你不可能去樓蘭探險，你只能坐在飛機上在古樓蘭的上空盤旋，喝著空中小姐遞來的啤酒，耳朵裡響的是音樂，一二三四五六七八，不同的頻道在靠椅把手上，聲嘶力竭的搖滾樂，讓我們一起來跳吧！瘋狂地跳！I love you，I love you，那沙啞的女中音像一隻貓，你俯視著斷殘的古樓蘭，又不經意地躺在海灘上，細沙從手掌縫裡漏了下去，堆成了一個沙丘，那沙丘底下就埋藏著那條扎破了你手指並不見流血的死魚，魚也有血液，魚血同人血一樣都腥，那硬梆梆的魚乾卻不會流血，你顧不得手指疼痛，還拼命地挖，於是挖出了一堵斷牆，你明白這就是你兒時那院子的院牆，你記得這院牆後有一棵棗樹，你偷偷拿你老爺的魚竿打過棗，還把撿得的棗子分給了她，而她，竟然從廢墟中走了出來，你追上去，想要弄明白那究竟是她不是，卻只能看到她的背影，你忘乎所以了，跟蹤著她，她不緊不慢地走著，像一陣風，你怎樣也追趕不上，（馬拉多納，馬拉多納在尋求一條路，那是沒有路的路，對方看得很緊，他就是摔倒了，那意識也是前進，射門，球進了！）你大喊一聲，她終於回過頭來，一張你不願去辨認婦人的臉，腮幫眼角額頭都布滿了皺紋，這一張鬆弛了的走樣了的喪失了顏色的老臉，你愣住了，不忍心再看，不知道是不是該對她微笑，你生怕這笑成了一種嘲弄，乾脆就做了個鬼臉，你那臉自然也未必好看，臨了，你就孤零零站在這古樓蘭的廢墟中，四下環顧，於是認出了那福祿壽喜影壁的磚垛子，哪裡是阿黑的狗窩，哪裡是放我老爺裝蚯蚓

的小鐵桶的角落，哪裡是我老爺的那間屋，那牆壁沒斷的時候就掛著我老爺的獵槍，那該是過道的地方就通往後院早娃她家，後院殘壁窗框子的缺口上，正趴著一隻狼，目不轉睛盯住我，我倒並不吃驚，我知道荒漠中通常沒有人跡只會有狼，可周圍殘垣斷壁上竟然都趴著狼，這廢墟原來已成了狼窩，不要朝後看，我老爺告訴過我，人在大野地裡背上要是被搭上一把，千萬不能回頭，那「張三」正好一口把你的喉嚨咬斷，眼下我神情要有一點失措，這趴著的「張三」們肯定都會撲了上來，我還不能露出一丁點怯懦，窗口下，那狡猾的東西人一樣地站著，還把頭靠在右邊的前爪上，用一隻左眼斜視著我，我也都聽見周圍的狼都咂吧著長長的舌頭，已經不耐煩了，我又記起我老爺年輕時在他老家的梯田上，和老虎對峙的情景，他當時要短了口氣，撒腿就跑，那虎早就撲上去把他餐了，我當然不能後退，可也不能前進，我只得悄悄貓下腰，用手在地上摸索，還就真摸到了原先掛在這斷壁上我老爺的那杆獵槍，我就好像毫不介意抬起了槍，對著我對面的這頭老狼，又緩緩把槍瑞平了，扣住扳機，我得像一名點射的機槍老手，不容它們有思索的餘地，就一槍接一槍把它們打翻在地，還不能亂了自己的腳步，我要從窗口的那頭老的射起，向左轉圈，一槍與一槍之間，全都得心裡先算記好，不能有一絲猶豫和馬虎，（各位觀眾，到現在為止，整個世界杯足球賽進球已經一百三十二個，比賽結束了，阿根廷足球隊以三比二勝了聯邦德國足球隊，獲得了第十三屆世界杯

足球賽的冠軍），我擊發了，就像小時候我老爺給我用玉米秸做的槍一樣，一扣板機就斷了，狼們都哈哈大笑，嘎嘎嘎嘎嘎嘎嘎嘎，（大家可以看到，在墨西哥城的阿格斯赫體育場，歡呼聲如浪潮拍岸，一陣高過一陣），弄得我好生慚愧，同時，我也知道，危險已經解除，它們都不是真的「張三」，不過帶著頭套披著狼皮，而它們也都在做戲，（各位觀眾，你們看，運動員們像英雄一樣被人們包圍，舉過了頭頂，馬拉多納被保護了起來，馬拉多納說，請允許我吻全世界的孩子們，）我也還聽見我妻子在說，我妻子遠道來的姑媽和姑父在說，我想起來了這場足球賽凌晨起實況轉播，而轉播業已結束，我應該起來看看，給我過世了的老爺買的那十節的玻璃鋼魚竿是否在廁所的水箱上。[35]

特別值得我們注意的一點是，高行健在這篇小說裡力圖捕捉的是人物在半清醒狀態的思緒，這正是吳爾芙說的「半透明層」，漢姆弗萊說的「前語言層」。所以無論從作者的寫作意圖或寫作技巧哪一方面來看，這篇小說都可說是真正的不折不扣的意識流小說。大陸當代作家，從王蒙的倡導開始，不斷有人在自己的小說中嘗試使用意識流手法，但通篇寫意識流，而且寫得很道地的，看來看去只有高行健這一篇。

35　高行健：《給我老爺買魚竿》，台北：聯合文學出版社，1989 年初版，1990 年二版，P.257-259 。

六、意識流與語言流

有了上述討論作基礎，我們可以回頭來認真面對我在本文第四節開頭所提出的對意識流文學的一個根本性的質疑，即：人物的意識流是可以捕捉的嗎？作家們用文字所捕捉的所謂意識流是真的意識流嗎？尤其是那種模糊不清的，半透明的意識層如何能表達呢？既說它是「前語言層」，現在又要用語言來表現它，不是自相矛盾嗎？

這是每個研究意識流文學的學者必然會有也無法迴避的問題。

嚴格地說，意識流是無法捕捉的。一個人自生至死，無時無刻不存在著意識之流，但我們通常都不自覺其存在，這也就是為什麼威廉‧詹姆斯提出意識流之前都無人注意到此點的原因所在。借助於威廉‧詹姆斯的揭示，我們才注意到意識流的存在，但是一旦我們停下來追索它，它就走了樣 —— 我們停下來追索意識流這件事本身也成了新的意識流的一個組成部分。意識之河流動向前，無須我們自覺去推動它，一著意便不再是原本的意識流：意識之河流動向前，也無須借助語言才能前行，其中具備著語言的外殼的只是一小部分 —— 清晰的、理性的部分，大部分是並不具備語言的外殼的 —— 所謂半透明的，前語言的部分。對於意識流中具備了語言的外殼的那一小部分，我們或許可以借助語言還原出來 —— 雖然也很不容易，而那不具備語言外殼的部分，如何能用語言使之還原呢？我們最多只能借助象徵、暗示、隱喻的辦法使人注意到它們的存在而已，要想描摹它們是很困難的，在理

論上講其實是不可能的。更不用說佛洛伊德所說的「潛意識」（uncounsciousness）了。

　　鑒於文學意識流並不能真正描摹、呈現人物的心理意識流，高行健後來（1990 年代旅居巴黎之後）建議以「語言流」的概念來取代「意識流」。他說：

> 語言本身的這種非描述性，我以為，對內心活動而言，也一樣，潛意識同樣也無法用語言來加以描模，那瞬間的感受一旦用語言來加以描述，就已經過去了，也就成了靜態的，中斷了感受，便不再是意識流。詞語好比一串魚鉤，剛勾起感受，便得輕輕放下，否則便把這活生生的感受弄死了，而變成對感受的解說或分析。這也就是意識流語言同心理分析語言的區別。具體說來，也就是斯湯達的語言同普魯斯特的語言的區別。如果有這種認識，藉詞語喚起或追蹤瞬息變化的感受過程的時候，筆下實現的，不如稱之為語言流，而意識流只潛藏在這語言流之中。[36]

高行健的意思是說意識流不可捕捉，用語言表現出來的所謂意識流並非真正的意識流，既然如此，何不甘脆把它叫做語言流呢？

　　高行健之主張用「語言流」取代「意識流」還有另外一層意思，即他反對用破碎的句子，不合乎語法的句子，誰也不懂的文字來表現所謂的意識流。他說：

> 語言流的實現又得遵循該語言的語法結構所提供的可能，倘也打破這語法的結構，語句便不堪卒讀，如同一個神經

---

36 高行健：《沒有主義》，香港：天地圖書公司，1996 年初版，2000 年三版，P.47。

錯亂的瘋子留下的筆記，我在寫《靈山》時便做過這樣的試驗，發現那怕是對潛意識的追蹤，也還得納入語法結構允許的框架內，否則便喪失語感，適得其反。我們可以突破通常的句法的規範，出奇不意，但不能打破某一種語言的語法結構，……因此，我們能實現的只是語言流，而非意識流。[37]

但我們不要誤會了高行健，以爲他反對寫入物的意識流，反對突破語言陳規，恰恰相反，他在這兩方面都比同時代的中國作家走得更遠，他反對的是走極端，同語言「硬拗」，下面這一段話把他的意思說得很清楚：

簡而言之，我們說語言得受到語言的基本結構語法的限制，但並非回到語言的規範而不可突破。問題是怎樣突破？既不變成玩弄積木一樣玩弄語言，而又找到新的表述，把通常難以表述的感受表達出來。如果承認語言的本性是非描繪性的，又承認語法形式的限定並不等同感受的極限的話，就會發現語法的限定之外，語言還有別的能力，它並不祇靠概念、限定、判斷來傳達意思，更多的是通過人的聯想，啟示和暗示，象徵和隱喻，不盡言，或意在言外，也可以說這是潛語言和超語言，我所說的語言流就是這種也得訴諸語言的另一種文學語言。它並非是潛意識或意識的直接流露，可又是能捕捉得到書寫出來的語言。它有其外在的一面，如同語調的音樂性，諸如聲韻、音調和節奏，

---

37 同上，P.47-48。

也其內在的，有如語氣，詞句上沒有說出來，情緒卻隱藏其中。這都是語法形式分析的種種理論達不到的，這才是作家的工作。[38]

高行健在這段話裡指出語言有兩種能力，一種是靠概念、限定、判斷來傳達意思，一種是通過聯想、啓示、暗示、象徵、隱喻等等來喚起對方的感受，他稱爲潛語言或超語言。我們姑且把前一種能力稱爲語言的「明達力」，後一種稱爲語言的「潛超力」，他的意思是要表現人物的意識與精神世界，光靠明達力是做不到的，要調動語言的潛超力，這種富於潛超力的語言就是他所說的「語言流」，它也不是意識或潛意識的直接流露，但它是我們能捕捉得到、且寫得出來的最能表現人物內心意識的語言。可見高行健的「語言流」是「意識流」的改良而非「意識流」的推翻，他希望調動語言的潛超力來表現人物的精神世界，而不是用破壞語言應有的結構去表現 —— 事實上那樣也表現不了，反而把文本弄得不堪卒讀。

　　不難看出，高行健這些論述包含兩個基點：一、認識意識流手法的局限；二、批判某些意識流作品破壞語言固有結構的弊端。我以爲高行健的觀點是對的，但是換一個名稱是否就可以解決問題卻令人懷疑，何況「語言流」三個字如果不同意識之表達聯繫在一起則幾乎不表達任何特定的文學含義，我們至少要在「語言流」的前面再加上「意識」或「心理」二字，成爲「意識語言流」或「心理語言流」，否則任何一段流暢的文字豈不都可以叫做「語

---

38 同上，P.49。

言流」？

七、結 語

「意識流」從一個心理學名詞變爲一個文學概念已經快一個世紀了，它對於世界文學，特別是小說的演進具有重要的意義，引進中國後，對於中國文學，特別是中國小說的現代化、世界化也起了關鍵的作用。

意識流的理論與實踐對於文學，特別是小說的重要意義，在我看來，主要是以下兩點：

第一，它擴展了小說藝術的領域，它讓我們知道，表現人的內在精神世界是小說應當開拓、可以大有作爲的天地，從而改革了傳統的小說觀念；

第二，意識流小說爲了追蹤人物的意識流而發展出一套表現手法／敘述語言，從而改革了小說的文體，從深層看，是使我們有了一種新的組織主觀經驗的方式，也是新的感知客觀世界的方式。

如此，則文學意識流是否能如實描摹、忠實呈現人物的心理意識流以及意識流是否應更名爲語言流或別的什麼名稱的問題就不那麼重要了。

2000 年 3 月，台北

毛澤東講話與趙樹理方向

一、

　　一談到四〇至六〇年代的大陸文學（或說中共文學），尤其是涉及到文藝理論和通俗文化這個領域，我們便沒法不提到趙樹理這個名字。

　　趙樹理（1906-1970）於一九四三年至一九四五年短短三年間，連續發表了短篇小說《小二黑結婚》（一九四三年五月），中篇小說《李有才板話》（一九四三年十月）和長篇小說《李家莊的變遷》（一九四五年多），一時轟動中共邊區文壇，共產黨領導人和左翼文人都對趙樹理讚譽有加。彭德懷爲《小二黑結婚》題詞道：「像這種從群眾調查研究中寫出來的通俗故事，還不多見。」周揚說：「趙樹理，他是一個新人，但是一個在創作、思想、生活各方面都有準備的作者，一位在成名之前已經相當成熟了的作家，一位具有新穎獨創的大眾風格的人民藝術家。」[1]郭沫若則更是熱情洋溢地說：「這是一株在原野裡成長起來的大樹子，它根扎得很深，抽長得那麼條暢，吐納著大氣和養料，那麼不動聲色地自然自在。」[2]「我是完全被陶醉了，被那新穎、健康、樸素的內

1　周揚：〈論趙樹理的創作〉，《解放日報》第 2 版，1946 年 8 月 26 日。
2　郭沫若：〈讀了《李家莊的變遷》〉，《北方雜誌》第 1、2 期（1946 年 9 月），

容與手法。這兒有新的天地，新的人物，新的感情，新的作風，新的文化，誰讀了我相信都會感著興趣的。」[3]此後若干年裡，趙樹理幾乎是中共最走紅的作家，尤其是在寫農村題材方面，被譽為「鐵筆」、「聖手」，無人能出其右。中共號召作家們都要向趙樹理學習，像趙樹理那樣寫作，於是，「趙樹理方向」一詞應運而生，在四〇、五〇年代的中共文學中佔據一個顯眼的位置。

但什麼是「趙樹理方向」，歷來卻鮮少有人正面闡述。我們今天來回顧那一段文學現象，顯然有必要追詰這個問題。我以為所謂「趙樹理方向」，主要包含著下面兩個大的方面的涵義，即：第一，強烈的政治意識，自覺地使作品為當前政治（甚至政策）服務：第二，強烈的大眾化意識，自覺地為普通民眾寫作，尤其是為農民寫作。下面略作申述。

首先說「強烈的政治意識」。

趙樹理自稱他的小說是「問題小說」，是為了解決某一個或某些問題而寫的小說。什麼問題呢？不是生活問題，也不是一般社會問題，而是中共在農民中推行其政治或政策時所碰到的問題。趙樹理在一九四九年有一次總結自己的寫作經驗時說過：「我在作群眾工作的過程中，遇到了非解決不可而又不是輕易能解決了的問題，往往就變成所要寫的主題。……如有些很熱心的青年同事，不了解農村中的實際情況，為表面上的工作成績所迷惑，我便寫《李有才板話》；農村習慣上誤以為出租土地也不純是剝削，我便寫《地板》。……假如也算經驗的話，可以說『在工作中

頁 1。
3 郭沫若：〈《板話及其他》〉，《文匯報》第 2 版，1946 年 8 月 16 日。

找到的主題，容易產生指導現實的意義』。」[4]十年後，他再一次
談到同樣的話題：「我的作品，我自己常常叫它是『問題小說』。
為什麼叫這個名字，就是因為我寫的小說，都是我下鄉工作時在
工作中碰到的問題，感到那個問題不解決會妨礙我們工作的進
展，應該把它提出來。例如我寫《李有才板話》時，那時我們的
工作有些地方不深入，特別是對於狡猾的地主還發現不夠，章工
作員式的人多，老楊式的人少，應該提倡老楊式的作法，於是，
我就寫了這篇小說。」[5]

　　趙樹理的自我解說是可信的，今天我們把它的主要作品重讀
一遍，可以發現幾乎無一例外是為了表現或解決中共農村政治問
題而寫的。下面這個簡表可以幫助我們得出這個結論。

篇　名	寫作時間	主　題	背　景
《小二黑結婚》	1943.5	反封建，反迷信，爭取婚姻自由	當年初中共頒布《妨礙婚姻治罪暫行條例》。
《李有才板話》	1943.10	發動農民，實行鄉村民主，減租減息，鬥倒惡霸地主，貧農掌握農村政權。	中共當時在邊區推行鄉村民主並開展減租減息運動。
《地板》	1944 夏	土地不能生產糧食，糧食是農民勞動的結果。	減租減息運動中，地主對減租不服氣。

4 趙樹理：〈也算經驗〉，《人民日報》第 2 版，1949 年 6 月 26 日。
5 趙樹理：〈當前創作中的幾個問題〉，《火花》第 5 期（1959 年 5 月），頁 12。

《孟祥英翻身》	1944 冬	在共產黨領導下婦女翻身，變成勞動模範。	中共推行鄉村民主時遇到習慣性阻力。
《李家莊的變遷》（長篇小說）	1945 冬	減租減息，團結開明士紳，鬥倒漢奸惡霸，爲保衛勝利果實而參軍打蔣介石。	中共抗戰期間在邊區農村建立中共政權。以貧農爲主幹，後期準備內戰。
《邪不壓正》	1948.10	中共農村工作發生偏差，鬥錯中農，壞人混進積極份子隊伍，黨員變質，地主惡霸囂張，強迫訂婚。經過整黨後，偏差得到糾正，主角軟英的婚姻也得到自由。	中共在解放區農村發動農民，鬥倒地主，鞏固政權。推行鄉村民主，提倡婚姻自由。
《傳家寶》	1949.4	提倡婦女解放，建立新型婆媳關係。	當時中共在解放區辦互助組、合作社，要解放婦女勞動力。
《田寡婦看瓜》	1949.5	農民翻身，生活改善。	中共在解放區完成了土地改革。
《登記》	1950.6	共產黨支持婚姻自由，反對封建包辦。	當時中共在全國推行新婚姻法。
《表明態度》	1951	老幹部自私落伍，後來在事實教育下悔悟。	當時中共在全國農村推行互助合作運動，有些老幹部跟不

《三里灣》（長篇小說）	1954	農業合作化運動中風俗、習慣、人與人關係的變化，尤其是落後農民的轉變。	上形勢。五十年代初期中共在農村於土地改革後又推行農業合作社運動。
《鍛煉鍛煉》	1958.7	與落後社員作鬥爭。	當時中共已在全國農村普遍成立農業合作社。
《老定額》	1959.9	社會主義時期還要發揚「革命精神」，不能太計較個人得失。	1958 年下半年起，中共在全國農村普遍成立人民公社。

　　不僅自覺地以其作品為特定的意識形態服務，而且自覺地以其作品為特定政黨的政治服務，甚至為該黨在當時的具體政策服務，這在中外文學家中除了前蘇聯的某些作家以外，恐怕是十分罕見的，至少在中國作家中是沒有先例的，而趙樹理的的確確這樣做了。

　　再說「強烈的大眾化意識」。

　　趙樹理是一個出身於農民家庭的知識分子，十九歲以前都在家鄉讀書務農，他後來立志以自己的作品來「教化」農民。他明明白白地說他的作品是「勸人」的：「俗話說：『說書唱戲是勸人哩！』這話是對的。我們寫小說和說書唱戲一樣，都是勸人的。」[6]為了達到教化農民的目的，他決心做一個「文攤藝術家」：

---

6 趙樹理：〈隨《下鄉集》寄給農村讀者〉，《文匯報》第 2 版，1963 年 6 月 2 日。

「文壇太高了，群眾攀不上去，最好拆下來鋪成小攤子。」

「我不想上文壇，不想做文壇文學家。我只想上『文攤』，寫些小本子夾在賣小唱本的攤子裡去趕廟會，三兩個銅板可以買一本，這樣一步一步地去奪取那些封建小唱本的陣地。做這樣一個文攤文學家，就是我的志願。」[7]

他決心寫「農村一般識字的一看就懂，不識字的一聽就懂」（〈戲劇為農村服務的幾個問題〉）的文章，他努力把知識分子腔換成農民的語言：

「我既是個農民出身而又上過學校的人，自然是既不得不與農民說話，又不得不與知識分子說話。有時候從學校回到家鄉，向鄉間父老兄弟們談起話來，一不留心，也往往帶一點學生腔，可是一帶出那腔調，立時就要遭到他們的議論，碰慣了釘子就學了點乖，以後即使向他們介紹知識分子的話，也要設法把知識分子的話翻譯成他們的話來說，時候久了就變成了習慣。說話如此，寫起文章來便也在這裡留神。」[8]

「『然而』聽不慣，咱就寫成『可是』；『所以』生一點，咱就寫成『因此』；不給他們換成順當的字眼，他們就不願意看。字眼兒如此，句子也是同樣的道理 —— 句子長了人家聽起來捏不到一塊兒，何妨簡短些多說幾句：『雞叫』、『狗咬』本來很習慣，何必寫成『雞在叫』、『狗在咬』呢？」[9]

---

7 轉引自李普：〈趙樹理印象記〉，《長江文藝》第 1 卷第 1 期（1949 年 6 月），頁 4。
8 趙樹理：《趙樹理全集》（太原：北岳文藝出版社，1990 年），第 4 卷，頁 186。
9 趙樹理：〈和工人習作者談寫作〉，《三復集》（北京：作家出版社，1960 年），頁 50。

不僅語言如此，而且還要照顧到農村讀者的閱讀習慣與欣賞趣味：

「我寫的東西，大部分是想寫給農村中的識字人讀，並且想通過他們介紹給不識字人聽的，所以在寫法上對傳統的那一套照顧得多一些。」[10]

趙樹理的絕大多數小說看起來都像一個現代的「新話本」，都取「說書人」講故事的方式，其道理蓋在於此。

像趙樹理這樣自覺地在語言與敘事方式上都努力通俗化，努力迎合大眾（主要是農民）口味的作家，在中國新文學中也是沒有先例的。

趙樹理在〈回憶歷史，認識自己〉一文中說：「我有意識地使通俗化為革命服務萌芽於一九三四年。」[11]「有意識地使通俗化為革命服務」，這就是趙樹理不同於當時所有中國作家的地方，這就是趙樹理在中國現代文學中走出來的新路，也就是「趙樹理方向」。

二、

很顯然的，如果沒有別的更大的因素起作用，趙樹理的「問題小說」與通俗化努力，頂多也只能成為一種新的前所未見的風格而受到同輩人的或讚賞或批評，而絕不可能成為一時趨之若鶩，後來影響深遠的「趙樹理方向」。

---

10 趙樹理：〈《三里灣》寫作前後〉，《三復集》，頁 66。
11 轉引自蘭羨璧、劉景春編：《趙樹理代表作‧前言》（鄭州：黃河文藝出版社，1986 年），頁 1。

這別的、更大的因素就是毛澤東的講話。

一九四二年五月，毛澤東在延安爲當時中共所召開的文藝座談會作了兩次演講，一次是會議開始時的「引言」，一次是會議結束前的「結論」。這兩次演講合稱爲毛澤東〈在延安文藝座談會上的講話〉，又簡稱爲〈講話〉。這個〈講話〉後來成爲中共文藝界的「聖經」，中共所有的文藝政策和基本的文藝理論都是從這個〈講話〉派生出來的。

〈講話〉所涉及的問題很多，但最核心的問題只有兩個，一個是文藝與政治的關係問題，另一個是文藝爲誰服務的問題。

關於文藝與政治的關係，毛在〈講話〉中有如下的論述：

> 在現在世界上，一切文化或文學藝術都是屬於一定的階級，屬於一定的政治路線的。爲藝術的藝術，超階級的藝術，和政治平行或互相獨立的藝術，實際上是不存在的。無產階級的文學藝術是無產階級整個革命事業的一部分，如同列寧所說，是整個革命機器中的「齒輪和螺絲釘」。因此，黨的文藝工作，在黨的整個革命工作中的位置，是確定了的，擺好了的；是服從黨在一定革命時期內所規定的革命任務的。[12]
>
> 我們今天開會，就是要使文藝很好地成爲整個革命機器的一個組成部分，作爲團結人民、教育人民、打擊敵人、消滅敵人的有力的武器，幫助人民同心同德地和敵人作鬥

---

12 中共中央毛澤東選集出版委員會編：《毛澤東選集》（北京：人民出版社，1969 年），頁 822。

爭。[13]

文藝是從屬於政治的，但又反轉來給予偉大的影響於政治。[14]

我們所說的文藝服從於政治，這政治是指階級的政治、群眾的政治，不是所謂少數政治家的政治。政治，不論革命的和反革命的，都是階級對階級的鬥爭，不是少數個人的行為。[15]

毛的觀點很清楚，文藝和政治的關係是主從關係，政治是主，文藝是從，文藝必須服從於政治。由於政治是階級對階級的鬥爭，因此，這種觀點又可以表述爲：文藝是階級鬥爭的武器，或工具。

關於文藝爲誰服務的問題，毛在〈講話〉中則有如下的論述：

我們的文藝，第一是爲工人的，這是領導革命的階級。第二是爲農民的，他們是革命中最廣大、最堅決的同盟軍。第三是爲武裝起來了的工人農民即八路軍、新四軍和其他人民武裝隊伍的，這是革命戰爭的主力。第四是爲城市小資產階級勞動群眾和知識分子的，他們也是革命的同盟者，他們是能夠長期地和我們合作的。這四種人，就是中華民族的最大部分，就是最廣大的人民大眾。[16]

我們的文學藝術都是爲人民大眾的，首先是爲工農兵的，爲工農兵而創作，爲工農兵所利用的。[17]

---

13 同前註，頁 805。
14 同前註，頁 823。
15 同前註。
16 同前註，頁 812。
17 同前註，頁 820。

毛在這方面的觀點也很清楚，即文藝必須爲人民大眾服務，主要是爲工農兵服務。

毛的觀點後來被概括爲兩句話，並成爲中共文藝政策的指針，即：一、文藝必須服從於政治：二、文藝必須爲工農兵服務。或者更簡單地表述爲：文藝必須爲政治服務，爲工農兵服務。

我們不難看出，毛澤東〈講話〉的這兩個要點同「趙樹理方向」的兩個要素根本就是若合符契。難怪當一九四三年秋天毛的〈講話〉傳到趙樹理當時所在的太行山區的時候（其時《小二黑結婚》已發表），趙樹理特別高興，說毛主席批准了他的創作方向[18]；也難怪中共的宣傳機器及左派文人在毛的〈講話〉發表之後一週年之際發現了《小二黑結婚》這樣的作品，如獲至寶，很自然地把它及以後陸續發表的《李有才板話》、《李家莊的變遷》視爲貫徹毛的文藝路線的最新實績了。

三、

最先把趙樹理同毛澤東拉在一起，把趙樹理的創作視爲毛澤東文藝思想之實踐的，是中共黨內掌管文藝與意識形態的重要官員之一的周揚。他在一九四六年寫了〈論趙樹理的創作〉一文，此文首先於當年七月發表在張家口出版的《長城》雜誌上，接著，八月二十六日的延安《解放日報》、九月號的《北京雜誌》和十月號的《東北文化》相繼予以轉載。文中有這樣一段話：

他（趙樹理）不滿意於新文藝和群眾脫離的狀態。他在創

---

18 參看《趙樹理代表作·前言》，頁 2。

作上有自己的路線和主張。同時他對於群眾的生活是熟悉的。因此他的成功並不是偶然的，正是他實踐了毛澤東同志的文藝方向的結果。文藝座談會以後，藝術各部門都得到了重要的收穫，開創了新的局面，趙樹理同志的作品是文學創作上一個重要收穫；是毛澤東文藝思想在創作上實踐的一個勝利。我歡迎這個勝利，擁護這個勝利！[19]

但正式提出「趙樹理方向」這個名詞的則是中共黨內另一位文藝官員，同時也是批評家的陳荒煤。中共晉冀魯豫邊區文藝聯合會於一九四七年七月二十五日至八月十日舉行了一次專門討論趙樹理創作的文藝座談會，時任文聯副理事長的陳荒煤在總結講話中指出趙樹理值得革命文藝工作者學習的有三個方面：

第一、趙樹理同志的作品政治性是很強的。他反映了地主階級與農民的基本矛盾，複雜而尖銳的鬥爭。他是站在人民的立場上來寫的，愛憎分明，有強烈的階級感情，思想情緒是與人民打成一片的。

第二、趙樹理同志的創作是選擇了活在群眾口頭上的語言，創造了生動活潑的，為廣大群眾所歡迎的民族新形式。

第三、趙樹理同志的從事文藝創作，真正做到全心全意的為人民服務。他具有高度的革命功利主義，和長期埋頭苦幹、實事求是的精神。

最後，他總結說：

因為以上我們所能共同認識到的幾點，我們覺得應該把趙

---

19 參看戴光中：《趙樹理傳》（北京：十月文藝出版社，1989 年），頁 213。

樹理同志的方向提出來，作為我們的旗幟，號召邊區文藝
工作者向他學習、看齊！為了更好地反映現實鬥爭，我們
就必須更好地學習趙樹理同志！大家向趙樹理的方向大踏
步前進吧。[20]

陳荒煤這個講話後來刊登在一九四七年八月十曰的《人民日報》，
題目就叫做〈向趙樹理方向邁進〉。

十天之後的八月二十曰，中共晉冀魯豫邊區政府第一屆文教
獎揭曉，趙樹理的小說榮獲特等獎金。至此，「趙樹理方向」在中
共政治鬥爭需要的推動之下，就在晉冀魯豫邊區的文藝界率先樹
立起來了。而「趙樹理」三個字也就成了中共建國前的「邊區文
學」的代表。

兩年之後，隨著中共在內戰中的勝利，趙樹理和邊區文學同
時走進了北京，隨後又從北京走向全國。

一九四九年七月二日，中共治下的首屆全國「文代會」（「中
華全國文學藝術工作者代表大會」的簡稱）在北京召開。毛澤東
曾親自到會祝賀。周揚代表「解放區」（中共建國前在各地建立的
邊區的總稱）文藝工作者作題為〈新的人民的文藝〉的報告，在
報告中對趙樹理推崇備至：

反映農村鬥爭的最傑出的作品，也是解放區文藝的代表之
作，是趙樹理的《李有才板話》。

「五四」以來，進步的革命的文藝工作者不止一次地提出
過與討論過「大眾化」、「民族形式」等等的問題，但始終

---

20 同前註，頁 222。

沒有得到實際的徹底的解決。直到「文藝座談會」（按指一
九四二年在延安召開的文藝座談會）以後，由於文藝工作
者努力與工農群眾相結合，努力學習工農群眾的語言，學
習他們的萌芽狀態的文藝，「大眾化」、「民族形式」的問題
自然而然地得到了解決，至少找到了解決的正確途徑。解
放區文藝作品的重要特色之一，是它的語言做到了相當大
眾化的程度。語言是文藝作品的第一個因素，也是民族形
式的第一個標幟。趙樹理的突出的成功，一方面固然是得
力於他對於農村的深刻了解，他了解農村的階級關係，階
級鬥爭的複雜微妙，以及這些關係和鬥爭如何反映在幹部
身上，這就使他的作品具有了高度的思想價值；另一方面
也是得力於他的語言，他的語言是真正從群眾中來的，又
是經過加工洗練的，那麼平易自然，沒有一點矯揉造作的
痕跡。在他的作品中，藝術性和思想性取得了較高的結合。
21

這就等於在全國文藝工作者面前推崇趙樹理為解放區文學的代
表。而解放區就是全中國今後學習的榜樣，那麼，趙樹理也自然
就是今後全中國文學藝術工作者所應當學習的榜樣，「趙樹理方
向」就是今後大家應走的方向。

　作為這個「方向」的直接產物，就是以趙樹理為首的被人們
稱為「山藥蛋派」的山西作家群體的出現。這裡有馬烽、西戎、
束為、孫謙、胡正等小說家，他們以《山西文藝》、《火花》為發

21　《趙樹理傳》，頁 256。

表陣地，承《小二黑結婚》、《李有才板話》的格調，從中共在山西農村進行的各項運動 —— 如土地改革、農業合作化、人民公社等 —— 中取材，創造了一系列「問題小說」。藝術上則標榜「通俗化」、「大眾化」、「老百姓（主要指農民）喜聞樂見」，語言直白，敘事有頭有尾，結構單純，就像一種「新話本」。

此外，在四〇、五〇年代所產生的中共農村小說中，大部分或多或少都可以看到趙樹理的影響，例如丁玲的《太陽照在桑乾河上》、周立波的《暴風驟雨》、歐陽山的《高乾大》、柳青的《創業史》，乃至六〇年代浩然的《艷陽天》，都有「問題小說」的特質，都緊密地服務於中共的農村運動，也都努力在語言上求通俗化、大眾化。

總之，在四〇、五〇年代的中共文學中，趙樹理確乎像是一個「標兵」，他帶領了其他左派作家站到毛澤東講話的旗幟下來，一同來實踐「使通俗化為革命服務」（或說「文學為政治服務、為工農兵服務」）的理想。

四、

其實，我們沒有理由說趙樹理的創作方向是在「毛澤東文藝思想」指導之下產生的，因為趙自己說過他在一九三四年就已經萌生要「使通俗化為革命服務」的念頭了；同樣地，我們也沒有根據認為毛是在看了趙樹理的作品之後才產生他的文藝為政治服務、文藝為工農兵服務的思想的，我們只能說，這兩者之若合符契正是時代的產物。

希望文藝，特別是小說，成為通俗的政治教化的工具，這種

思想其實是古已有之，而在本世紀初還曾風行一時，成為文學革命的契機。這一點我們只要看康有為、梁啟超等人當年提倡「新小說」的立論就很清楚。康有為設想以小說來教化「僅識字之人」，從而起「六經」、「正史」、「語錄」、「律例」不能起的作用[22]；梁啟超則要以小說來「改良群治」，來「新民」覺世，希望兵丁、市儈、農氓、工匠、車夫馬卒、婦女童孺，「靡不手之口之」[23]。這不正是要小說成為政治教化的工具，而為了達到政治教化的目的，還希望它是通俗化的、大眾化的嗎？

　　「五四」前後的「文學革命」，雖然沒有公開打出政治教化的旗幟，但它的啟蒙色彩則是無庸置疑的。既是「啟蒙」，則自然還是少數先知先覺的知識菁英擔負起「教化」普遍民眾的任務。那麼文學也就仍然脫不掉教化「工具」的色彩。但是「五四」以後中國文學的發展，由於種種因素，並沒有沿著啟蒙的路切實走下去。一方面，它似乎漸漸偏離「教化」的初衷而發展出「為藝

---

22 康有為〈《日本書目志》識語〉云：「……今日急務，其小說乎！僅識字之人，有不讀經，無有不讀小說者。故六經不能教，當以小說教之；正史不能入，當以小說入之；語錄不能喻，當以小說喻之；律例不能治，當以小說治之。」收入陳平原、夏曉虹編：《二十世紀中國小說理論資料》（北京：北京大學出版社，1989 年），第 1 卷，頁 13。

23 梁啟超〈論小說與群治之關係〉首云：「欲新一國之民，不可不先新一國之小說。故欲新道德，必新小說；欲新宗教，必新小說；欲新政治，必新小說；欲新風俗，必新小說；欲新學藝，必新小說；乃至欲新人心，欲新人格，必新小說。何以故？小說有不可思議之力支配人道故。」末云：「故今日欲改良群治，必自小說界革命始；欲新民，必自新小說始。」又他的〈譯印政治小說序〉云：「在昔歐洲各國變革之始，其魁儒碩學，仁人志士，往往以其身之所經歷，及胸中所懷政治之議論一寄之於小說。於是彼中綴學之子，黌塾之暇，手之口之，下而兵丁而市儈而農氓而工匠而車夫馬卒，而婦女而童孺，靡不手之口之。往往每一書出，而全國議論為之一變。」見《二十世紀中國小說理論資料》，第 1 卷，頁 33，37，21-22。

術而藝術」、「爲娛樂而藝術」等諸多流派，另一方面，它也偏離了「通俗化」的軌道，反而顯出一種「文人化」、「書面化」、「雅化」的強烈傾向。[24]

這樣的結果，是中國現代文學一方面沒有完成它本該完成的啓蒙任務，另一方面又在一定程度上脫離了一般大眾的審美趣味。這就使得擔負教化民眾且投合民眾口味的通俗文學不僅有存在的空間，而且在一定的時候（例如抗日戰爭這種特定的歷史時期）還有其迫切的需要。於是，毛澤東從革命家的角度，趙樹理從文學家的角度，都看到了這種需要，不謀而合地向文學提出了相同的要求。

五、

考察「趙樹理現象」，不僅要放在四〇、五〇年代中共文學的背景中來考察，而且要放到整個中國現代文學的背景中來考察。分析毛澤東〈講話〉也是一樣。毛澤東〈講話〉與「趙樹理方向」中所牽涉到「政治與藝術」、「俗與雅」這兩對矛盾實際上是制約著二十世紀整個中國文學的發展的主要矛盾。要藝術爲政治教化服務，就不能不叫它「俗」，即通俗化、大眾化；而要使藝術成爲高超的藝術，就不能不叫它「雅」，即反通俗化、反大眾化，這實在是不容易解決的矛盾。康、梁不能解決，毛、趙也不能解決。趙樹理的小說在藝術上的成就今天看起來是相當有限的，他

---

24 關於這一點，大陸學者陳平原有精彩的論述，請參看〈小說的書面化傾向與敘事模式的轉變〉，《中國小說敘事模式的轉變・附錄一》（臺北：久大文化，1990 年），頁 277-301。

那過於現實的「問題小說」對於人性的揭示實在相當淺薄，他那直白如話、土味十足的語言固然有一種健康爽朗之美，但究竟不耐咀嚼，缺少韻味。但是，既要爲政治服務，要教化文化程度甚低的農民，又似乎必須作出這種藝術上的犧牲。只要中國大陸農民佔人口的大多數且素質沒有得到根本改善的狀況仍然存在，則「趙樹理方向」就有一定的合理性，而毛澤東的〈講話〉也還會有一定的市場。

1999 年 12 月，台北

試論大陸當代先鋒小說

　　在八十年代中期至九十年代初期的大陸文壇上，「先鋒小說」的「喧囂與騷動」，它所帶來的短暫興奮與隨之而至的普遍失望、它所引發的藝術革命與其苗而不秀的萎落，無疑是一個值得研究者們反覆探討、反覆言說的現象。台灣文壇及學術圈中，對這一彼岸文壇倏起倏落的潮流恐怕知之者並不多，密切關注者當然就更少了。本文旨在爲此一大陸小說現象作一個簡要的輪廓掃描，並從局外人的角度約略評估其成敗得失及其可能之影響。

一、

　　先鋒派（Avant-garde）是一個源起於法語的外來詞。它本來是一個形成於十八世紀末的軍事用語，意爲軍隊中的前衛部隊（所以也有譯爲「前衛」的），後來借指任何政治上先進的共和黨或社會黨團，特別是那些烏托邦社會主義者。直到本世紀初，這個名詞才進入文學藝術界。用來專指當時那些得不到公衆理解的文化創新者、現代主義作家與藝術家。

　　由於「先鋒」一詞本身所具有的流動性與開放性，所以下面的情形是不難理解的：昨天的先鋒，今天不再是先鋒，今天又有新的先鋒出現。隨著現代主義逐漸成爲西方文學藝術的主流，本

世紀上半葉那些激進的文學藝術流派，例如印象派、達達派、未來主義、表現主義、意識流派、超現實主義等等，已逐漸被西方大眾所廣泛接受，並得到官方支持，今天再稱爲「先鋒」就名不副實了。有的學者因而主張把這些流派嚴格界定爲「歷史先鋒派」，而用「先鋒派」來稱呼二次戰後更爲激進的文學藝術流派（王寧，《文藝爭鳴》，一九九五年第一期）。現在許多人喜歡把戰後現代主義的新發展稱爲「後現代主義」，於是又出現了「後現代先鋒派」、「後現代先鋒小說」一類的名詞（曹元勇，《文藝理論研究》，一九九六年第一期）。

　　大陸文壇的現代主義思潮流行於一九八五年至一九九一年間，是新時期文壇的四大思潮之一[1]、（唐翼明，一九九五；及一九九六）。它的興起雖然有本上的內因作依據，但它受西方文學的巨大影響、因而帶有濃厚的模仿西方現代主義的特色則是有目共睹的。只不過西方現代主義用了一個世紀所走過的路程，中國大陸文壇只花了短短的幾年，就幾乎從頭至尾地走了一遍而已。正因爲如此，西方現代主義的若干發展階段、不同時期的流派色彩就必然濃縮、疊印在其中國大陸的模仿者身上，一個人甚至一篇作品同時兼有數種色彩就不稀奇了。也因爲如此，在中國大陸的先鋒派中再區分歷史的、與後來的或當今的就不太容易，也沒有實質意義。不過，我們在大陸學者有關先鋒派或先鋒小說的論述中，發現他們所說的先鋒派仍然有著某種層級的區分，至少有廣義的先鋒派與狹義的先鋒派兩大類。使用廣義者，其筆下的先鋒

---

1 其他三股思潮爲：政治反思思潮、文化尋根思潮及新寫實思潮。

派大約即等於現代主義，而使用狹義者，其筆下的先鋒派則主要指在小說的敘事話語的試驗上走得最遠、姿態最激進的一批人，約相當於前文所說的「後現代先鋒派」。後者的代表性作家是馬原、洪峰、余華、蘇童、葉兆言、格非、孫甘露、北村、潘軍諸人，前者的代表作家則除上述數人之外。再加上韓少功、張承志、劉索拉、徐星、殘雪、莫言、扎西達娃等人，有人把「痞子文學」的代表作家王朔也算在裡面（吳亮，《作家》，一九九四第三期。及南帆，《文學評論》，一九九三第三期。及趙毅衡，《花城》，一九九三第五期）。此外，八十年代末、九十年代初又冒出一些更年輕的新人，他們的作品也都在不同的程度上具有某種先鋒的特徵，論者每以「新一代的先鋒派」、「先鋒小說第二波」稱之，這裡有陳染、韓東、呂新、林白、朱文、魯平、金宇澄、南方、吳濱、東西、蔣韻文等。（趙毅衡，《文藝爭鳴》，一九九四第五期）

二、

　　大陸當代的先鋒小說產生於西方文藝思潮被「開放」進來之後，它在很大程度上是一種仿造品，但同時也有其本土的特色。關於這一點，我在〈大陸新時期前十年的三股主要文學思潮〉一文中曾有簡要論述，我願意將該文中有關文字抄錄於下，作為進一步探討先鋒小說的基礎：

　　不可否認，現代主義是一種舶來品。它本來是指在第一次世界大戰時興起，在第二次世界大戰後盛極一時的，流行於歐美知識份子中，特別是文學、藝術界的一種思潮。它本質上是置身於政治、經濟大動蕩時代西方知識份子精神危機及精神探求的產

物，也是西方文藝復興以來的現代化運動進行到一定階段後必然導致的結果。隨著舊的威權系統（宗教、道德、傳統價值）的崩解，人一方面獲得了自由，一方面也由於價值系統的虛空而變得無可依傍、沒有歸宿。而兩次世界大戰的噩夢把世界的荒謬、生活的恐怖以及人類的毫無保障的生存處境更加突顯出來。現代主義在哲學、文學、藝術上所表現出來的那種惶惑、恐懼、疏離、異化、躁動不安、無所執著、怪誕、荒謬、痛苦、絕望、非理性等等情緒正是西方知識份子在精神失重的狀況下，面臨外部災難時的慌亂、掙扎以及尋找出路的努力。

中國知識份子在擺脫封建皇權專制之後，還沒有喘過氣來，就又重新被壓在共產黨和毛澤東的五指山下，他們既不知道自由的滋味，也不懂得精神失重的惶惑。所以，現代主義不僅因為共產黨的禁止而未在中國流行，而且也因為中國根本就沒有現代主義寄生的土壤。但是經過文革十年浩劫。又經過幾年來與改革開放相伴而行的自由化之後，中國知識界也大體具備了西方兩次世界大戰之後的經驗，所以當現代主義思潮伴隨著西方的科學技術一起被「開放」進中國大陸以後，很快引起中國知識份子的好奇與共鳴，並且在自己的文學藝術作品中加以倣效，也就是一種自然的現象了。

現代主義思潮在文學上表現為林林總總的許多流派，諸如象徵主義、印象主義、表現主義、未來主義、意象主義、超現實主義、結構主義、意識流、存在主義、先鋒派、荒誕派、黑色幽默、心理分析派等等。在大陸新時期文學作品中，最早表現出現代主義影響的是意識流小說技巧的運用，率先實驗者是著名作家、後

來一度作過文化部長的王蒙。他在一九八〇年前後連續創作了〈夜的眼〉、〈春之聲〉、〈風箏飄帶〉、〈海的夢〉、〈蝴蝶〉、〈布禮〉等六篇小說，有意打破以故事情節為小說基本結構手段的傳統習慣，而改採以人物的心理、意識、感受為結構小說的主要手段。與此相適應的是以「心理時空」代替「客觀時空」，即以意識流動的順序來代替事物發展的真實時空順序。一時議論紛紛，反對者也有，而欣賞者更多，隨後就有一大批模倣者繼起，如張潔的〈愛，是不能忘記的〉、張辛欣的〈在同一地平線上〉、李陀的〈七奶奶〉、陳建功的〈鬃毛〉、諶容的〈人到中年〉、張承志的〈黃昏 Rock〉都有意使用了意識流的技巧。意識流這一現代主義表現手法很快就為大陸文壇所接受了。

同時，經歷了十年文革的中國知識份子也在痛感到生活的荒謬，在人異化為非人的經驗中找到了與西方現代主義者在內在精神上的契合點。女作家宗璞一九七九年發表的短篇小說〈我是誰〉，描寫一個女教師在文化大革命中遭到批鬥，被指為「牛鬼蛇神」，結果這位女教師幻覺自己成為青面獠牙的「牛鬼」和貼地蠕動的「蛇神」，終至精神崩潰，投湖自殺。我們無疑會在這裡看到卡夫卡、加繆、薩達特等人的影子。

但是，現代主義作為一個整體哲學思潮（而不只是片斷情緒）連同它的審美追求（而不只是一兩種表現技巧）在中國大陸大行其道則要到一九八五年以後了。這一年女作家劉索拉發表了她的處女作〈你別無選擇〉。小說描寫一群音樂學院的學生，這些人一方面才華橫溢，蔑視傳統，一方面又表現得像一群神經病患者，集頹喪、瘋狂、怪癖、荒唐於一身。這篇小說表現出一種

中國人前此很不熟悉的人物類型、社會心理、語言方式與審美趣味,它離中國傳統 —— 包括中國文化的固有傳統、與中共幾十年形成的革命傳統 —— 相距很遠,倒是與西方的《二十二條軍規》、《麥田捕手》之類的作品所表現的味道很接近。有人說它是「中國第一部真正具有現代意識的現代人創作出來的現代派小說」(李澤厚語),不是沒有道理的。

〈你別無選擇〉在大陸文壇上掀起了一股模仿西方現代主義文學的熱潮,一時怪作叢出,奇彩紛呈。有的跡近嘻皮,以一種玩世不恭、嘻笑怒罵的態度,用市井之腔、調侃之調,表示對一切傳統的、因襲的價值觀念、行為準則、精神權威的輕蔑、反抗與不合作。例如徐星的〈無主題變奏〉、王朔的〈輪迴〉、〈頑主〉、〈浮出海面〉、〈一點正經沒有〉,陳染的〈世紀病〉、陳林的〈少男少女,一共七個〉、方方的〈白霧〉、多多的〈最後一曲〉、甘明太的〈梗概〉等,小說中的人物堪稱「有中國特色的垮掉的一代」。有的則以一種近乎殘酷的肆無忌憚來展示生命的病態、腐朽、陰暗、卑微與無望,例如殘雪的一系列作品,特別是〈蒼老的浮雲〉、〈黃泥街〉,余華的〈現實一種〉、〈世事如煙〉,讀來有「世紀末」之感。有的作品突顯現代中國人生存的困窘、現實的荒謬與錯亂,充滿了「黑色的幽默」,例如宗璞的〈泥沼中的頭顱〉、王蒙的〈來勁〉、林斤瀾的〈催眠〉、唐敏的〈太姥山妖氛〉、蘇童的〈水神誕生〉、孫甘露的〈我是少年酒罈子〉、馬原的〈塗滿古怪圖案的牆壁〉、格非的〈褐色鳥群〉、徐曉鶴的〈標本〉等,其中很明顯地看得出存在主義哲學的影響。還有一部份則顯然從中南美洲作家們(例如馬奎斯)那裡得到靈感,創作了一系列有「魔幻現實主

義」色彩的作品，如莫言的〈紅高粱〉、〈透明的紅蘿蔔〉、〈球狀閃電〉、扎西達娃的〈繫在皮繩扣上的魂〉、〈世紀之邀〉、〈西藏：神秘歲月〉，蘇童的〈罌粟之家〉、〈一九三四年的逃亡〉，馬原的〈虛構〉、〈西海的無帆船〉、〈岡底斯的誘惑〉等。這些小說時空倒錯、真幻交織、生死相通、美醜雜柔，讀來有一種神秘的誘惑，艱澀的愉悅。

　　這一大批在西方現代主義思潮影響下產生的光怪陸離的小說，使中國讀者大開眼界，它不僅與中共數十年來所提倡的革命現實主義的創作原則背道而馳，也同二、三、四十年代中國新文學的傳統大異其趣。它固然遠遠超過了這以前的中共文學作品，也跳出了五四以來新小說的傳統窠臼，成為一種更新的新小說。評論家們紛紛以「探索小說」、「新潮小說」、「先鋒小說」、「實驗小說」、「先鋒實驗小說」來稱呼它們，也就是著眼於此點。

三、

　　上引的那段論述側重在思潮方面，藝術技巧方面涉及不多。而誕生於這股思潮中的先鋒小說，至少在表面上，給人的印象最深刻的正是形式技巧方面的大膽探索。許多論者都已指出，在先鋒派出現以前，小說最重要的問題是「寫什麼」，先鋒派出現以後，小說最重要的問題便變成「怎麼寫」了。

　　過去的小說（包括新時期出現的傷痕小說、反思小說、改革小說、尋根小說在內）當然不是不講究「怎麼寫」，但比起「寫什麼」來，「怎麼寫」畢竟處於從屬的地位、服務的地位。「寫什麼」才是小說的本體，是作家藝術構思的核心，是「寫什麼」決定「怎

麼寫」，而不是相反。先鋒小說卻把「怎麼寫」的問題提到了至少與「寫什麼」一樣重要的高度，在先鋒小說家的眼裡，「怎麼寫」也是本體，而不是服務於「寫什麼」的。在這個問題上，較「溫和」的先鋒派反對傳統的內容／形式二分法，認為「寫什麼」與「怎麼寫」不可分，激進的先鋒派則認為「寫什麼」遠不如「怎麼寫」來得重要，最極端的（例如那些被稱為「後現代先鋒派」者）乾脆認為「寫什麼」根本不重要，「怎麼寫」就是一切。

　　大陸批評界近年來似乎傾向於把溫和先鋒派從先鋒派的陣營裡剔除出去，而把「先鋒派」的稱號保留給激進者，一些被稱為「先鋒批評家」的人甚至認為只有最極端的先鋒派才是真正的先鋒。而對先鋒小說持批判態度的學者也往往把批判的鋒芒對準這些激進的、尤其是極端的先鋒派。「溫和」的先鋒派們似乎已經被讚揚與批判的雙方都遺忘了。在這種趨向下，所謂「先鋒派」似乎就是指那一群不理會別人怎樣看，只自顧自地一個勁兒在「怎麼寫」上動腦筋、玩花樣的小說家。

　　這多少是一種誤會，至少我個人並不認同這種看法。先鋒小說在「寫什麼」的問題上其實也是很有開拓、相當叛逆與傳統大異其趣的（上引論述已多少接觸到這一方面）。那些只把注意力放在「怎麼寫」，而完全不理會「寫什麼」的先鋒小說其實恰恰是先鋒小說的下乘。但是無論我們持何種態度，對於先鋒小說作為一個整體在藝術技巧，也就是「怎麼寫」的問題上的種種探索與創新，種種膽大妄為的離經叛道，種種肆無忌憚的破壞與「亂來」，我們都不會不、也不得不刮目相看，因為它們在這一方面實在是太搶眼、太突出了，也難怪人們 —— 不論讚揚者與批評者 —— 總

是把焦點集中在這一方面。

那麼，大陸當代先鋒小說在形式技巧或曰「怎麼寫」的問題上究竟有些什麼特別的地方呢？我下面嘗試從敘事方式、語言特色與文本結構三個方面來略作分析。

（一）敘事方式

當代西方文學理論家都傾向於視敘事爲小說的本質與靈魂，小說藝術的任何重要進展都必然與敘事方式的某種改變聯繫在一起。大陸先鋒小說在藝術技巧方面的革新探索首先表現在、也主要表現在敘事方式的革新上。當然無需贅言的是，因爲大陸先鋒小說本身是西方文藝思潮影響下的產物，這種革新的實質在很大程度上表現爲對西方現代主義小說敘事技巧的模仿。但相對於前此在大陸獨霸文壇的現實主義小說（包括五四以來的新小說、中共的所謂革命現實主義小說乃至新時期以來的傷痕、反思、改革小說等等）的敘事方式，這些革新（或說「模仿」），在很大程度上無異是對傳統規範的大膽叛逆與對傳統禁忌的故意觸犯.

例如傳統現實主義小說雖不否認小說故事的虛構性，但卻始終堅持小說在本質上是對現實的真實反映，虛構是爲了真實，因此它們忌諱在作品中暴露虛構的痕跡，以免影響讀者對其真實性的信賴。但先鋒小說常常無視這種禁忌，公然在作品中展示虛構的過程與手段，有意摧毀讀者身臨其境的幻覺。馬原的〈西海無帆船〉，其中有一節（第二十三節）就煞有介事地用小說主角姚亮出面來「指控」作者馬原的虛構：「馬原先生的這篇小說盡他媽的扯蛋……所有的細節都是不確實的。因此，他在小說的形式上大耍花樣，故意搞得撲朔迷離以造成效果，使讀者不辨真偽。」接

著還指出作者如何在人稱、敘述、選材上「耍花樣」的事實，以坐實自己的「指控」。這顯然是一種自炫，故意向讀者攤出底牌，把後台的化妝拉到台前來操作，正如一位西方的評論家所說的，簡直是一種「手淫式的自我審視狂」（斯柯爾斯）。後來許多先鋒小說家也喜歡在敘述中暴露自己的虛構，評論自己的敘述，大陸評論界稱這一類小說爲「元小說」，台灣則稱爲後設小說，即英文中的 metafiction。

　　正因爲先鋒小說家不在乎暴露作品的虛構，所以他們在敘述視角的運用上，也往往有出人意表的觸犯傳統禁忌的大膽。例如他們喜歡用第一人稱來寫作，但卻不受第一人稱的限制，超出「我」的視、聽、思的範圍的東西一樣可以在他們的筆下栩栩如生地呈現。下面一段摘自莫言的〈紅高粱〉：

> 破霧中的河面，紅紅綠綠，嚴肅恐怖。站在河堤上，抬眼就見到堤南的高粱如阪砥的穗面。它們都紋然不動。每穗高粱都是一個深紅的成熟的面孔。所有的高粱合成一個壯大的集體，形成一個大度的思想。——我父親那時還小，想不到這些花言巧語，這是我想的。（收入《那盞梨子那盛櫻桃》，一九九二，頁一七三）

最後一句調侃式地、滿不在乎地自我揭穿作品的虛構，至於「我」怎麼可以代替「父親」這樣想，莫言似乎覺得根本沒有必要加以說明。所以「我」可以看到幾十年前，我尚未出世以前的種種景象，包括「奶奶」如何同余占鰲在高粱地裡歡快地野合而生出「我」的「父親」。後來余華的長篇小說《在細雨中呼喊》把這種完全不合傳統邏輯的敘述視角運用得更加出神出化、也更加不可思議：

「我」居然能夠敘述「我」的受精與出生 —— 那是父親急於洩慾，而在鄰居家的長凳上與母親的一次交合的結果，第一人稱的小說（！）淋漓酣暢地、繪聲繪影地描寫了這次「長凳之交」。（余華，一九九三，頁五八－六三）

　　在敘事時間上，先鋒小說家們似乎也有意提醒讀者不要沉溺於虛構的故事，他們喜歡頻繁地使用時間詞語，將敘事從故事之中剝離出來，強調故事時間與敘事時間的分裂。他們從馬奎斯的《百年孤獨》中學到了把多種敘事時間交替結合使用的奧妙：追述、預述、追述中的預述、預述中的追述……。這一方面最典型的例子是葉兆言〈棗樹的故事〉：

　　　　多少年後，老喬在另一張床沿上這麼坐著，薄薄的眼鏡片後面，也是這種眼神。（一九九二，頁七五）

　　　　多少年以後，白臉像條狗似的死在雄城牆洞不遠的地方，三和尚拎包袱一般把岫雲扔在草垛上……（一九九二，頁一一〇）

　　　　正像十年以後，她看著白臉把駁殼搶往懷裡一窒產生的奇異恐懼一樣，她突然覺得白臉即將大禍臨頭。（一九九二，頁七三）

　　　　作家採訪爾勇的那一年，姑娘墳上的青草勉強遮住黃土。

　　　　她是一年前的春天死的。（一九九二，頁八五）

在敘事的語調上，先鋒小說家們似乎都不約而同地偏好一種冷漠、超然的調子。無論對多麼殘酷、多麼稀奇、多麼不道德的事情，敘事者都能保持一種冷靜的、不動聲色的態度。在敘述中透露自己的價值判斷、愛憎喜惡，這在傳統現實主義小說中幾乎是

不可避免的，在中共前此的小說中且是大力鼓吹的，先鋒小說家
們卻毫不客氣地拒絕了。

　　先鋒小說家們在敘事上的花樣翻新當然還不止於此，以上不
過是主要的方面。此外，如交替使用不同的視角、雙線或多線敘
事、重複敘事、交叉敘事等等，都是他們常常使用的套路。總之，
他們是在努力變換著花樣，盡量使敘事顯得新奇、有趣，難怪大
陸的評論家們會競相用「敘述圈套」、「敘事遊戲」之類的話來形
容他們這方面的特點。(吳亮，《當代作家評論》，一九八七第三期。南帆，
《文學評論》，一九九三第三期)

（二）語言特色

　　先鋒小說在語言使用上的新奇、怪異，乃至放肆與叛逆叫人
嘆為觀止。我們最早從莫言的〈紅高粱〉裡已經領略到一種狂放
強悍、肆無忌憚的姿態：

　　　一九三九年古曆八月初九，我父親這個土匪種十四歲多一
　　　點。(《那盞梨子那盛櫻桃》，一九九二，頁一五四)

這是《紅高粱》開頭一句，那種蔑視傳統的放肆腔調立刻就把讀
者驚倒了。接下去我們讀到這樣的句子：

　　　我終於悟到：高密東北鄉無疑是地球上最美麗最醜陋、最
　　　超脫最世俗、最聖潔最齷齪、最英雄好漢最王八蛋、最能
　　　喝酒最能愛的地方。(同上，頁一五五)
　　　爺爺和奶奶在生機勃勃的高粱地裡相親相愛，兩顆蔑視人
　　　間法規的不羈心靈，比他們彼此愉悅的肉體貼得還要緊。
　　　他們在高粱地裡耕雲播雨，為我們高密東北鄉豐富多彩的
　　　歷史上，抹上了一道酥紅。我父親可以說是秉領天地精華

而孕育，是痛苦與狂歡的結晶。（同上，頁二一五）

這種誇張使人懷疑作者把握語言的分寸，然而又不能不承認它的酣暢淋漓，讓我們有一種從陳規中解放出來的快感。

在下面的句子裡，我們進一步看到作者在豐富的想像的狂態中，隨意驅遣筆下的語詞，構成種種光怪陸離的意象，肆意破壞人們習守的常規：

> 父親瘦弱的身體在河堤上跑著，父親高大雄偉漂亮。（同上，頁二〇九）
>
> 在高粱織成的珍珠雨裡，奶奶睜開了眼，奶奶的眼睛裡射出珍珠般的虹彩。（同上，頁二一一）
>
> 奶奶仰著臉，呼出一口長氣，對著父親微微一笑，這一笑神秘莫測，這一笑像烙鐵一樣，在父親的記憶裡，燙出一個馬蹄狀的烙印。（同上，頁二一一）
>
> 奶奶注視著紅高粱，在她朦朧的眼睛裡，高粱們奇譎瑰麗，奇形怪狀，它們呻吟著，扭曲著，呼號著，纏繞著，時而像魔鬼，時而像親人。它們在奶奶眼裡盤結成蛇樣的一團，又忽喇喇地伸展開來，奶奶無法說出它們的光彩了，它們紅紅綠綠，白白黑黑，藍藍綠綠，它們哈哈大笑，它們嚎啕大哭，哭出的眼淚像雨點一樣打在奶奶心中那一片蒼涼的沙灘上。（同上，頁二一七）
>
> 孫五又割掉羅漢大爺另一隻耳朵放進瓷盤。父親看到那兩隻耳朵在瓷盤裡活潑地跳動，打擊得瓷盤叮叮咯咯地響。……父親看到大爺的耳朵蒼白美麗，瓷盤的響聲更加強烈。（同上，頁一八四）

由莫言始作俑的這種對語言的背離常規的運用、狂放恣肆的驅
遣，被後起的先鋒小說家們變本加厲地仿傚，他們雖然風格各異，
但都致力於把語言從陳陳相因的積垢中洗刷出來，讓它煥發新的
光彩。先鋒小說家們通過怪異的組合，不合常理的比喻，故意的
誇張與扭曲、有意的朦朧與模糊等手段來達到使語詞陌生化的效
果，以挑戰人們因循的閱讀習慣、思維路徑與審美趣味。下面隨
手摘幾個例子：

> 回想昔日少年時光，我多麼像一隻虎崽伏在父親的屋檐
> 下，通體幽亮發藍，……（蘇童，〈一九三四年的逃亡〉）
>
> 一九三四年迸發出強壯的紫色光芒圈住我的思緒。（同上）
> （蘇童，一九九三，頁九四、九七）
>
> 她們的聲音在這兩天裡顯得鮮艷無比。（余華〈世事如煙〉）（余
> 華，一九八九，頁二六八）
>
> 女人像一灘墨跡一樣臥在反射出酒店綠色燈光的地上。他
> 軟軟腰肢扭動了一下，雙手撐著地面，渾身的筋絡像杯子
> 裡盛酒的水一樣晃浮著。（格非〈褐色鳥群〉）（呂芳，一九八九，
> 頁二二三）
>
> 假如我明智到能以調侃的語調，輕鬆地談論在門後或院角
> 的小凳上刻苦手淫的男人，我勢必如夢遊者般掠過那些在
> 傍晚或午夜隱於街角或門洞裡謹慎接吻人的非凡想
> 像。……偽設我能夠體味擺弄鐘錶的男人的樂趣的萬分之
> 一，我就有足夠的膽量對不停地打掃房間的人的超常潔癖
> 做耐心到庸俗的歸納。（孫甘露〈我是少年酒罈子〉）（同上，頁二
> ○○）

不難想像，這種癖好如果不加節制地發展下去，就會變成一種不知所云的語詞遊戲，從上引的最後一例已經可以看出這種端倪。這樣的遊戲看不出意義（「所指」）所在，結果只是一種語詞自身（「能指」）的嘉年華會（某些評論家稱之爲「能指的嬉戲」、「能指之舞」），雖也有表面的賞心悅目，最終是不可取的。

（三）文本結構

在小說文本的結構上，先鋒小說家努力從傳統的以故事脈絡爲依據的框架（起端、發展、高潮、結局）中跳脫出來，而別闢蹊徑。在先鋒小說中，我們的確看到許多新奇花俏的結構，同我們讀過的以往的小說都不同。

（1）切割與重組故事。即把故事按時空形成的自然線索切割成若干小段，再把這些小段打亂時空，重新組合。典型的例子如葉兆言的〈棗樹的故事〉、莫言的〈紅高粱〉、余華的〈在細雨中呼喊〉。這種結構多見於回憶性的心理小說，同時跟敘事手法的革新密切配合。

（2）複線穿插。即把同一個故事的不同段落或不同部分分割開來，以雙線或多線同時展開。典型的例子如馬原的〈西海的無帆船〉，把探險隊的探險分爲兩段，一段是離開拉薩三十天後的陷車事件，共七天；第二段是獲救後赴普蘭、瑪旁雍錯、古格、托林寺等地的經過。本來兩段是先後發生的，作者卻「話分兩頭」地穿插敘述。在這裡，我們看到敘事時間與故事時間的有意割裂：故事是「先後」，敘事是「同時」。

（3）拼貼。即把幾個互不關聯的故事拼貼在同一部小說裡，例如馬原的〈岡底斯的誘惑〉即分別將姚亮與陸高的經歷、窮布

獵熊的情節、頓珠頓月的故事毫無邏輯地拼貼在一起。

（4）文本套文本。即在一部小說中提到另一部虛構的小說，那部小說的人物、情節、話語會跑到這部小說裡來。例如孫甘露的〈請女人猜謎〉中「我」正在寫一篇《眺望時間消逝》的小說，而《眺望時間消逝》中的人物居然來到「我」的身邊，他們之間以及他們與「我」之間的故事構成了〈請女人猜謎〉的主要內容，同時又似乎是《眺望時間消逝》的內容。這篇小說開頭甚至還提到另一個虛構的文本《米酒之鄉》，這個《米酒之鄉》也是作者在另一篇小說〈我是少年酒罈子〉中提到過的。

這種文本中套文本的結構孫甘露用得最多，馬原和格非也用過，幾乎變成先鋒小說的一個時髦式樣 —— 當然也還是從西方作家（例如紀德、巴塞爾姆、卡爾維諾、博爾赫斯）那裡學來的。

（5）複映。即小說中每隔一定的間距，前面出現過的東西又再度映現（不是完全重複，總是伴隨某些走樣），悄然提醒讀者正在淡忘的印象。小說在結構上則出現似是而非的重複、迴環。北村的許多小說，像〈陳守存冗長的一天〉、〈歸鄉者說〉、〈逃亡者說〉、〈劫持者說〉都有這樣的情形。格非的小說〈青黃〉以敘事人對「青黃」一詞的確切所指的不斷追蹤與探訪為主要線索，引出一個又一個的故事，「青黃」的不同所指反覆出現，一直貫串到文末，也是一種「複映」。格非的另一長篇小說《敵人》不斷提及趙家幾十年前的那場大火以及對於縱火者的猜測與追尋，以此作為小說延展及吸引讀者讀下去的主要意象，也可以看作此種結構的一個變形。

先鋒小說家們在文本結構上的別出心裁當然不止上面的五

端，這裡只是舉其常見者而已。個別的先鋒小說家對文本結構表現出一種玩魔成般的熱情與迷戀，早期的馬原、後來的格非都有此傾向，他們的某些作品因而被稱為「結構主義小說」。作為一個極端的例子，我們可以舉出格非的〈褐色鳥群〉。〈褐色鳥群〉的結構像一個同心圓構成的漩渦，每一個圓都是一個自我否定、自我消解的圈。最外面的一個圈是「我」與棋的相遇與交談，「我」與棋第一次見面時棋待我親切得如同情人，但「我」卻不認識她，文末「我」與棋第二次相遇，「我」向棋打招呼，棋卻詫異地表示不認識「我」。「我」與棋的交談內容構成第二個圈，即我的婚姻，過程是「我」曾在城裡追蹤一個穿栗色靴子的漂亮女人，並最終如願地與之結合，可是後來在談話中這個女人告訴「我」，她十歲之後便從未到過城裡。「我」跟蹤女人的過程又套著一個自我否定的小圈：「我」的跟蹤曾為一座被洪水沖斷的斷橋所隔，「我」折回時發現一具凍僵的屍體；後來也是從女人的口中得知，那座橋並非毀於洪水，屍體則是另一個人的。這樣的文本結構顯然已經變成人為的遊戲，而以讀者為戲耍的對象了。

四、

　　大陸新時期文學的發展，從整體的角度來看，基本上是一個反叛的過程，即反叛馬列毛意識形態對文學的控制，反叛中共在毛澤東時期確立的「文藝從屬於政治，文藝為工農兵服務」的理論綱領，要求文學獨立，拒絕繼續充當政治的工具、傀儡、侍從。新時期先後湧動的四大思潮 —— 政治反思思潮、文化尋根思潮、仿西方的現代主義以及新寫實思潮，都是沿著反叛這條主線發展

的。在仿西方的現代主義思潮中出現的先鋒小說，比起先前的傷痕小說、反思小說、改革小說、尋根小說等等，反叛得更徹底，顛覆得更全面。

　　表面上看來，大陸當代先鋒小說主要致力於形式技巧方面的創新，但正如索緒爾所說的：「語言可以比做一張紙，思想是正面，聲音是反面。我們不能切開正面而不同時切開反面」（《普通語言學教程》）。當先鋒小說顛覆傳統（尤其是中共毛時期小說的傳統）的敘事、話語、結構等成規的時候，也就同時顛覆了積澱在這些成規裡的意識形態，換句話說，當他們致力於改變「怎麼寫」的時候，同時也就改變了「寫什麼」。他們拆毀了隱蔽於成規中的預約設定，也就拆毀了這些預約設定中的「真實」（人性的、生活的、歷史的等等）的形態，而使「真實」獲得另一種面貌；他們挑戰人們固有的閱讀習慣，也就挑戰了這種習慣中因循的認識「真實」的方式。事實上，我們的確在先鋒小說中看到人性、生活、歷史、現實……等等都呈現著與中共毛澤東時代的小說，乃至與新時期前一段的小說很不相同的面貌，訴說著另一種「真實」（如我在本文的第二部分中已經簡略地提到過的）。大陸新時期在先鋒小說前出現的傷痕、反思、改革乃至尋根等小說雖然不再歌功頌德，但依然沒有放棄對意識形態的追逐，因而也就注定它們無法完全擺脫政治的控制。同時更重要的是，在敘事話語方面，它們在很大程度上還是承襲了毛時期中共小說的樣式，也就是所謂的「革命現實主義」，因而也就無法完全擺脫積澱在這一套敘事話語中的意識形態的影響。可以毫不誇張地說，只有到了先鋒小說，中共毛時期文學所殘留下來的意識形態與話語形態才算得到了全面、徹

底的消解，從而使大陸小說真正上昇到一個有可能與世界小說對話的水準。這就是大陸當代先鋒小說的歷史功績。

但是大陸當代先鋒小說自身並沒有產生什麼經典性的作品，它的功勞主要是破壞性的、解構性的、啓示性的。它對形式的過分迷戀以及遊戲的態度雖然消解了權威意識形態對文學的控制與影響，但最終也導致了精神的缺席與意義的匱乏。有些極端的先鋒小說完全是一座形式的迷宮，裡面充滿了語言的碎片，根本沒有意義的追求，充其量只是一堆五光十色的泡沫（前文提到的〈褐色鳥群〉就是一例）。讀者面對一個無解的謎團，不能不產生一種被愚弄的惱怒。再加上先鋒小說過份依賴對西方文學的模仿而缺乏本土的足夠滋養，也使它們很快模式化、自相複製與抄襲。本來就因爲過「洋」而使大多數普通讀者望而卻步，現在又因爲模式化而使少數的欣賞者也厭倦了。於是先鋒小說面臨著必然式微的命運。

但是我們不必爲大陸當代先鋒小說嘆息，也無須過多地責備，它在應當興起的時候興起，應當式微的時候式微，它已經完成了自己應負的歷史使命，它的精神遺產與藝術經驗則將爲後起的大陸小說（例如「新寫實小說」）所繼承。

1997 年 4 月，台北

參考書目

王寧：〈傳統與先鋒、現代與後現代 —— 20 世紀的藝術精神〉，《文

藝爭鳴》，長春，一九九五年第一期。

曹元勇：〈中國後現代先鋒小說的基本特徵〉，《文藝理論研究》，
　　上海，一九九六年第一期。

唐翼明：《大陸新時期文學（一九七七－一九八九）：理論與批評》
　　附錄一〈大陸新時期前十年的三股主要文學思潮〉，台北，東
　　大，一九九五年四月。

唐翼明：《大陸「新寫實小說」》代導言〈從反叛異化到回歸本體〉，
　　台北，東大，一九九六年九月。

吳亮：〈回顧先鋒文學〉，《作家》，長春，一九九四年第三期。

南帆：〈再敘事：先鋒小說的境地〉，《文學評論》，北京，一九九
　　三年第三期。

趙毅衡：〈先鋒派在中國的重要性〉，《花城》，廣州，一九九三年
　　第五期。

趙毅衡：〈讀陳染，兼論先鋒小說第二波〉，《文藝爭鳴》，長春，
　　一九九三年第三期。

汪民安：〈文學先鋒派的當下境況掃描〉，《江漢大學學報》，武漢，
　　一九九四年第五期。

莫言：《那盞梨子那盛櫻桃》，北京師範大學出版社，一九九二年
　　七月。

余華：《在細雨中呼喊》，廣州，花城出版社，一九九三年六月。

葉兆言：《去影》，武漢，長江文藝出版社，一九九二年九月。

吳亮：〈馬原的敘述圈套〉，《當代作家評論》，瀋陽，一九八七年
　　第三期。

蘇童：《蘇童文集　世界兩側》，江蘇文藝出版社，一九九三年九

　　月。

余華：《十八歲出門遠行》，北京，作家出版社，一九八九年十一
　　月。

呂芳選編：《褐色鳥群 —— 荒誕小說選舉》，北京師範大學出版社，
　　一九八九年二月。

大陸先鋒小說回顧

　　1980 年代中期，繼傷痕、反思、尋根之後，先鋒小說在大陸文壇引發一股不小的「喧囂與騷動」，有一批數量可觀、才華出眾的年輕作家投身其中，也產生了一批聳動視聽的作品。但這股勢頭不小的洶湧潮流卻沒有持續多久，到 1990 年代初期已呈現出急速退潮之勢，不僅後繼乏人，連早先鋒頭甚健的幾位大將也或者思路枯竭、擱筆停產，或者改弦易轍，向寫實舊路回歸。昔日風光不再，令人感嘆先鋒之易於萎落，時至今日，似乎已經很少有人還記得「先鋒」兩字了。

　　當年的先鋒哪裡去了？這裡大概有三種情形。第一種，不寫了，或寫不出什麼名堂來，於是這部份先鋒也就從文壇消失或半消失，例如曾經在敘事技巧上有過不少創新、玩過不少花樣的馬原，寫過不少炫麗的胡說八道、流暢的不知所云的孫甘露和格非，現在都幾乎已經無聲無息了。第二種是還在寫，甚至寫得不少，但總讓人覺得他們在七衝八突，陷於某種困境而不易突圍。比如莫言，長篇這些年也寫了好幾部，出色的卻甚少，《豐乳肥臀》洋洋灑灑，卻叫人難以卒讀，當年《紅高粱》的那種讓人耳目一新的野性與匪氣，現在一變而為讓人無法忍受的扭捏作態。第三種則不再走「先鋒」的路數，而是向現實回歸。例如蘇童和葉兆言，

早年卻是頗先鋒的，後來卻投到「新寫實」的麾下，甚至成了「新寫實小說」的代表作家。這裡面轉型最成功，成就最耀眼的是余華，他的《活著》與《許三觀賣血記》都是極優秀的寫實主義的傑作，讀者已很難想像它們的作者曾經是《現實一種》、《世事如煙》那樣的先鋒小說的作者，但如果你是一個細心的讀者，你就不難發現充滿《活著》與《許三觀賣血記》中那種正視生存困境的勇氣，不沾不滯、冷靜超然的敘事風格仍然與當年先鋒精神一脈相承。

這三種情形自然是第三種最健康，也最令人欣慰。如果我們稍稍回顧一下大陸文革後整個文學的發展脈絡，就不難發現這裡面有某種必然性，即第三種發展正是先鋒文學（自然也包括先鋒小說）的必然出路。文革前大陸文學在毛澤東的「文學為政治服務，文學為工農兵服務」的魔咒下異化為一種政治的附庸、鬥爭的工具、意識形態的宣傳品，文革後鄧小平實施改革開放，整個大陸社會向西方資本主義悄悄靠攏，這時擺在大陸文壇面前的任務，就是讓文學從毛的魔咒下解放出來，逐步回歸文學自身的主體地位。為此，就必須反叛毛的教條，反叛自身先前的異化，而這反叛不可能一蹴而幾，必然是一步一步地深入的。大陸文革後最早出現的傷痕文學只有極為薄弱的反叛氣息，稍後出現的反思文學則略為深刻，但本質上仍然是以共產黨意識形態為本位；再後的尋根文學開始擺脫政治，向文化層面開拓，是另類的反叛，但火藥味較淡。直到 80 年代中期，隨著大量西方思潮與作品的湧入，大陸作家才找到一種新的利器來徹底解除毛的魔咒，這就是現代主義，在小說上就是先鋒小說，或稱實驗小說、新潮小說。

先鋒小說從表面上看來，似乎只是注重技巧的革新，但正如近代西方文論的重要先驅──瑞士語言學家索緒爾所說的：「語言可以比做一張紙，思想是正面，聲音是反面，我們不可能切開正面而不同時切開反面（《普通語言學教程》），當先鋒小說顛覆傳統（尤其是中共毛澤東時期的傳統）的敘事、話語、結構等形式的成規的時候，也就同時顛覆了積澱在這些成規裡的意識形態，換言之，當他們致力於改變「怎麼寫」的時候，也就同時改變了「寫什麼」。他們在玩種種新潮花樣的同時，無意間，就拆毀了隱蔽於成規中的種種預設，破壞了這種預設中固有的「真實」（毛的「真實」，馬列主義的「真實」）的形態，而使「真實」獲得另一種面貌。因此，先鋒小說雖然表面上沒有對中共的意識形態說什麼不敬的話，但它對中共先前的（主要是毛的）意識形態的反叛卻是最徹底的。可以不誇張地說，只有到了先鋒小說，中共毛時期殘留下來的，歷經傷痕、反思、尋根都未能去除的意識形態與話語形態才算得到全面徹底的消解，從而使大陸小說真正上昇到一個有可能與世界小說對話的水準。這就是先鋒小說的歷史功績。但是大陸當代先鋒小說本身並沒有產生什麼經典性的作品，它的功勞主要是破壞性的、解構性的、啟示性的。這原因自然很多，主要是現代主義畢竟是一種舶來品，不對中國讀者的審美口味，而不少先鋒作家又沈迷於形式的遊戲，導致作品意義的嚴重匱乏，終於很快就喪失了原本就很少的讀者群，最後連自己也厭倦了。先鋒的出路在哪裡？捨回歸現實主義，回歸現實主義的追尋之外似乎沒有別的選擇。這種回歸其實不是恢復，不是復舊，而是螺旋式地上昇到一個新的境界，一種迥然不同於中共「革命現實主義」

的新寫實主義。而這，正是余華等人走過的和正在走的路。

2001 年 1 月 24 日，台北

我看大陸的「玩文學」

　　海峽彼岸的文學圈中，尤其是一批頗走紅的青年作家中，近年來流行一個很時髦的口頭禪，曰「玩文學」。此派作家中有一個堪稱代表的作家，叫王朔，北京人，滿族，才三十多歲，卻已經有四大卷的「王朔文集」問世，包括三部長篇，幾十部中短篇。據說幾乎王朔的每一部小說出來，都在「文學圈內、準文學圈內、甚至根本與文學不沾邊的圈子裡引起一陣陣騷動」（見《王朔文集・矯情卷》篇首「編者的話」）。他的代表作〈空中小姐〉、〈浮出海面〉、〈一半是海水、一半是火焰〉、〈橡皮人〉、〈頑主〉都曾引起很大的反響，且被改編成雷影，電影也很叫座。前不久他執筆編寫的電視連續劇「渴望」、「編輯部故事」在大陸上演，又一次引起轟動，收視率空前。北京的青年穿運動衫，前胸印著：「玩的就是心跳」，後背印著：「我是你爸爸」——兩者都是王朔小說的篇名。「王朔熱」在大陸（至少在北京）已經熱了八年了，據說不僅至今不衰，還大有蒸蒸日上之勢。

　　王朔有一個六萬多字的中篇，叫〈一點正經沒有〉，寫的是一個滑稽突梯、徹頭徹尾地「玩文學」的故事。幾個城市無業遊民，或說痞子青年，百無聊賴，於是組織一個「海馬」公司。這公司的業務就是「玩文學」，而所謂「玩文學」就是胡編亂湊、打

牌賭博、騙吃騙喝。海馬公司的行徑及其在文壇的種種遭遇，讓
我們明白了：寫作就是編瞎話騙人；真作家就是騙子、流氓，就
是一無所能，靠玩文學來騙取名利的人；大家都在騙，都在玩，
各種類型的作家，無論是文壇宿將，或者時髦後生，挺多只是玩
的花樣不同、騙的方式有異而已。

我們不必懷疑王朔是一個神經健全的人，而且絕頂聰明，他
的小說之痞裡痞氣、痞腔痞調，一點正經沒有，至少部分如莊子
一樣，是「以天地為沉濁，不可與莊語」，所以「寓言十九，重言
十七」。他敏銳的觀察、犀利的諷刺，汪洋恣肆的語言也常常博得
我們會心的微笑。尤其是對中共為政治服務的革命文學的調侃，
有時不禁令人拍案叫好。例如下面這一段：

> 「寫什麼不知道？」安佳（「我」的妻子）捋捋頭髮，在我
> 的旁邊坐下，看著我，「就寫你最熟悉的吧。」
>
> 「我熟悉的就是三個飽兩個倒吊膀子搓麻將。」
>
> 「那不是挺好的麼，當反面教材。」
>
> 「可社會責任感呢？哪裡去了？我是作家了，我得比別人
> 高，教別人好，人民都看著我呢。」
>
> 「依著你，教點人民什麼盯呢？怎麼過日子？這不用教
> 吧？」
>
> 「得教！告訴人民光自個日子過好了不算本事，讓政府的
> 日子好過了那才是好樣兒的。譬如吧，政府揭不開鍋了你
> 一天三頓贊助出一頓行不行？街上有壞人政府的警察管不
> 過來你捨身取義成不成？得跟人民講清楚，現在當務之急
> 是讓政府把日子過下去。你想阿，二億多文盲，五千多萬

殘疾人……容易麼？大家伸把手……」[1]

專制出冷嘲，王朔們現在公開地喊出「玩文學」的口號正是對中共文藝為政治服務的教條的一種變相的批判與挑戰，所謂「矯枉必須過正，不過正不能矯枉」也。但是「過正」畢竟不是「正」，當我們看到王朔們對一切文字創作都施以最肆無忌憚的嘲罵，對一切「社會責任感」都加以無情的踐踏而且擁有如此多的讀者，尤其是青年讀者的時候，我們仍無法不感到驚愕痛心。文學究竟是什麼？「一點正經沒有」中一個人物說：

> 「文學，就是排泄，排泄痛苦委屈什麼的，通過此等副性交的形式尋求快感……」[2]

這話雖然粗魯，但細細一想，跟我們常說的「骨鯁在喉，不吐不快」仍有一線相通之處。問題是，除了「吐」和「排泄」的快感之外，作家寫作還有沒有別的更高尚一點的目的？王朔 —— 或說王朔小說中的人物 —— 說沒有：

> 「看看我國現代文學寶庫中的經典之作大師之作，哪一篇不是在玩文學？」[3]

> 「越是玩文學玩的徹底的越是不承認自己在玩文學還對別人玩文學氣的要死。」[4]

這樣的言論出現在政治掛帥，一切為革命服務的中共社會，固令閱者快意，但是它同時是出現在有著兩千多年「士志於道」、「以天下興亡為己任」，視文學為「經國之大業，不朽之盛事」的文化

---

1 《王朔諧趣小說選》，北京，作家出版社，一九九一年，頁七八—七九。
2 同前書，頁二一四。
3 同書，頁二一八
4 同書，頁三一。

傳統的族群裡，卻不能不使我們憂心。現代西方人也視知識分子（Intellectual）為「社會的良心」，認為他們是人類基本價值，例如理性、自由、公平的維護者。作為知識分子中最敏感的一部份的文學家理應超越個人的私利和職業的興趣而深切關懷國家、民族、社會乃至整個人類的生存處境。現在在王朔們的筆下，除了「騙」與「快」之外，我們實在看不出這些號稱「作家」的人還有哪怕一丁點兒的社會關懷。也許王朔及其朋友們自有深意吧，然而我仍然不能不有如東晉時王坦之批評莊子的那種憂慮：「天下之善人少，不善人多，『莊子』之利天下也少，害天下也多。故曰魯酒薄而邯鄲圍，莊生作而風俗頹。」[5]

說大陸的「玩文學」論之甚囂塵上，是如「魯酒薄而邯鄲圍」一樣的見微知著的現象，並非危言聳聽。它不僅表明了共產黨意識形態的信仰危機已達到何等嚴重的程度，而且警醒我們中華民族的文化傳統與精神支撐也已經近乎搖搖欲墜了。而且如王朔作品中那類青年痞子，豈止是「玩文學」而已，他們是玩人，玩己，玩世，玩「深沉」，玩「瀟灑」，玩一切，無所不玩，而且是公開地玩，直言不諱地玩，而且有一大批認同者、追隨者與欣賞者。真玩也罷，憤世疾俗也罷，這樣的人多了，這個民族的希望大概也就越來越小了。

更可憂慮的是，反觀海峽此岸的情形也並不見得就能令我們樂觀到哪裡去。我們雖然沒有王朔，也沒有人公開喊出「玩文學」的口號，但是「玩文學」、「玩學術」、「玩政治」的現象卻並不少

---

5 王坦之〈廢莊論〉見《晉書》本傳，中華書局標點本，頁一九六六。

見。在許多「名流」心中，一切都是「作秀」，一切都是「包裝」，連起碼的職業真誠都看不到，更遑論對國家未來、民族前途，乃至整個人類生存境況之關懷了。

　　少「玩」點，多幾分真誠，我們這個民族才會有希望。

1992 年 12 月，台北

記晨邊社，並論留學生文學

晨邊社的興與盛

一九八七年五月，我在紐約哥倫比亞大學東亞語言文化系唸博士，剛剛通過資格考試，課程已經修完，論文則還沒有著手，頗有一點餘暇，於是便邀集了幾個朋友：王渝、于仁秋、查建英、譚加東、吳千之、江宇應，一共七個人，發起組織了一個文學社，起名叫「晨邊社」，英文爲「Morningside Literary Society」。這名字其實來源於「Morningside」這個字。Morningside 是哥倫比亞大學所在地，我們七個發起人有四個人（唐、查、吳、江）當時都是哥大的學生，都住在 Morningside，於是便懶得多想，以地爲名。對譯成中文，便變成「晨邊」，似乎也不俗。後來才知道，胡適七十年前在哥大修博士時也曾經跟幾個朋友組織過一個文學社，名字也叫「晨邊社」，這真是「英雄所見略同」了，不過我們當時的確不知道胡適的「晨邊社」，並沒有謬附驥尾的意思。

晨邊社成立的宗旨，是團結一批志同道合興趣相近的朋友，保持經常性的接觸，互相切磋、互相鼓勵，集中大家的智慧和力量，在創作、研究、譯介當代中國文學，尤其是留學生文學方面作點認真有益的工作，並推動大陸、台灣、香港和海外在這個領域內的聯繫和交流，同時努力在海外鼓動一個有生氣的文學潮

流。我們約定，平時每六週固定聚會一次，每次有一個主題，一人主講，大家討論；遇到有國內外作家來紐約訪問的時候，就邀請他們來演講或座談。在晨邊社成立的頭兩年裡，我們定期的討論從未中斷，共有二十餘次，地點多半是輪流在各個成員的家裡，偶爾也在餐廳、公園，或美洲華僑日報社 —— 因爲當時我兼任該報的主筆，王渝則是副刊主編，于仁秋、譚加東都先後在這家報紙作過編輯和記者。請來演講或座談的作家也先後有好幾十人，像劉賓雁、王蒙、高曉聲、阿城、北島、舒婷、戴厚英、張賢亮、馮驥才、韓少功、何立偉、王安憶、張抗抗、白樺、邵燕祥、張辛欣、王小鷹、於梨華、李黎等等，都曾經是晨邊社的座上客。

　　我們那時候勁頭不小，抱負也很大，覺得二十年代的文學研究會與創造社也未嘗不可以重現於八十年代。開始時成員幾乎每週都有作品見於美洲華僑日報的《海洋副刊》。八七年年底又通過張抗抗跟上海的《小說界》發生了關係，從八八年一月起，《小說界》闢出「留學生文學專欄」，常常發表晨邊社成員的作品。我們還決定每年編一本《晨邊社文選》，條件成熟時再出版《晨邊雜誌》。到一九八八年六月，我們已經編好了一本《晨邊社短篇小說選 —— 留美故事》，與花城出版社商談出版，到次年都籌備的差不多了的時候，大陸卻起了一系列的風潮，紐約的中國留學生也跟著情緒激昂，於是不僅出版的事暫置一邊，連晨邊社的文學活動也一時讓位給政治了。隨後我們發起人中有幾個相繼取得博士學位，如鳥覓食般地去外地赴教職。我這個社長也於一九九〇年秋到了台北，先後任教於文化大學與政治大學，晨邊社的活動竟不得不無疾而終了。所幸因晨邊社而結緣的朋友，包括《小說界》

的幾位主編副主編，倒還至今鴻雁往返，保持著親切的友誼。

　　晨邊社當年的宗旨與主要的活動其實都是圍繞著「留學生文學」這個主題展開的。晨邊社第一次正式聚會討論的題目就是「留學生文學」，當時的主講人是于仁秋。座談紀要先是發表於美洲華僑日報一九八七年八月二十四日的《海洋副刊》，後來又被上海《小說界》雜誌一九八八年第一期所轉載。當年十月，《小說界》編輯部又特地就留學生文學的創作召開了一個座談會，有十幾位作家、評論家和學者參加，包括當時晨邊社成員查建英（座談紀要見《小說界》一九八九年第一期）。與這次座談會相呼應，晨邊社聯合哥大東亞研究所及二十世紀史學會於一九八九年二月二十四日在紐約共同舉辦了一次「留學生文學討論會」。我在那個會上發表了一篇題為《一個留學生文學熱正在興起》的演講（全文發表於三月十五日的美洲華僑日報），其中有一段話談到我對「留學生文學熱」的看法，現在看來也還沒有過時：

　　　　一個「留學生文學熱」正在海內外興起。在我個人看來，
　　　這個「熱」正方興未艾。留學生文學的創作和研究一定會
　　　形成更高的浪潮。這道理很簡單，因為中國目前有幾萬留
　　　學生在國外，有更多的在等著出國，再加上關心他們、羨
　　　慕他們、與他們有種種關係的人，少說也有百萬之數。這
　　　麼多人的不同命運、悲歡離合、多姿多彩的人生經驗與感
　　　受一定會要求文學的反映，文學也一定會反映它們。而且，
　　　尤其應當指出的是，「留學生」這個群體是一個非常特別的
　　　群體。它是中國現代化運動的產物。中國的現代化運動要
　　　求重建中國的政治、經濟體制，也要求重建中國的文化。

而留學生這個群體無疑在這個重建運動申起著先鋒、媒介、啟蒙者和領導者的作用，這是由他們的特殊身份注定的，也是他們出外留學的根本目的。留學生們親身經驗著中與西、新與舊的兩種文化、兩種價值觀、兩種社會體制。他們的身心成為這兩種文化、兩種價值觀、兩種社會體制相互較量、相互碰撞、相互排斥又相互吸引的場所。他們是強者，也是弱者；他們是勇敢的先鋒，也是痛苦的「邊緣人」（Marginal Man）。他們對兩種文化都熟悉、都熱愛，然而又都有某一方面的陌生和不滿。他們像某種兩棲動物，在陸地上的時候陵念水裡，在水裡的時候又懷念陸地。他們的內心深處有著比中國社會其他階層的人更多更猛烈的衝突，更強的責任感，更清醒的批判精神。因此，反映這個群體的文學不僅必要，而且必然有異彩。在中國社會的轉型期中，它將成為某種結晶性的精神記錄。

我這裡的中心論點是說出國留學其實是中國現代化運動的產物，留學生群體是現代化運動中一個非常特別、非常重要的群體，因而留學生文學也就必將成為一代中國社會轉型期中重要的精神記錄。這個論點我至今還以為不僅無需加以修改，而且還應當更加強調。對於留學生文學的重要性只有站在中國現代化運動（而中國現代化運動也就是一部中國現代歷史）的高度才能夠真正看清、真正說透。

留學生文學可以上溯到晚清

　　中國的現代化運動已經進行了一百五十多年，中國人出國留學的歷史也有了一百多年，與留學生相伴而生的留學生文學其實也有了一百多年的歷史。雖然「留學生文學」真正作為一個重要的文學現象引起人們的注意，只是最近二三十年左右的事（在台灣是六、七十年代，在大陸則晚至八十年代後期了），但「留學生文學」的存在實可上溯到晚清。一般所謂「留學生文學」，含混地講，就是跟留學生有關的文學，仔細一點講，它包含了兩類作品，一類是留學生（或曾經是留學生）所創作的具備留學生獨特視角的作品；另一類是非留學生（旅美學者，短期訪美的作家官員等等）創作的以留學生生活為主要題材的作品。翻翻阿英（錢杏村）的《晚清小說史》，就會發現能歸入以上兩類的作品至少可以找到十部以上。例如：《東歐女豪傑》（嶺南羽衣女士，一九○二）、《文明小史》（李伯元，一九○五）、《學生現形記》（遯廬，一九○六）、《新孽鏡》（南支那老驥氏，一九○六）、《獅子吼》（陳天華，一九○六）、《女學生》（叔夏，一九○八）、《苦學生》（杞憂子，一九○八）、《學黨現形記》（老林，一九○九）、《東京夢》（履冰，一九○九）、《新石頭記》（南武野蠻，一九○九）……。「五四」以後，到東洋、西洋留學的人更多，寫留學生生活與思想的作品自然也就更多。單小說一類，就可以列舉出許多名家與名篇來。魯迅小說中的「假洋鬼子」（《阿 Q 正傳》）人盡皆知，就不必說了，其餘的郁達夫的《沉淪》，郭沫若的《喀爾美夢姑娘》、《落葉》；張資平的《約擅河之水》、《沖積期化石》；老舍的《二馬》、《犧牲》、

《東西》、《文博士》；許地山的《三博士》；陶晶孫的《音樂會小曲》；滕固的《壁畫》；鄭伯奇的《最初之課》；冰心的《去國》；蘇雪林的《棘心》；張愛玲的《白玫瑰與紅玫瑰》；錢鍾書的《圍城》等等，都是在描寫留學生生活、思想、情感方面各有其特色的長篇或中短篇。

經歷家國巨變後的留學生文學

六十年代，台灣留學生大量湧入西方，特別是美國，於是引發了一波新的留學生文學的高潮，出現了像白先勇、於梨華、張系國、聶華苓、陳若曦這樣一些知名度很高的作家。他們自己是留學生，而且學成後大多繼續留在美國，他們筆下的「留學生」或「學留人」（學成而居留國外的知識份子）比起三、四十年代留學生文學中的人物形象更生動、更豐滿；而且也更複雜，因為是正在經歷了家國的巨變之後。無論是白先勇的《芝加哥之死》、於梨華的《又見棕櫚、又見棕櫚》、張系國的《昨日之怒》、陳若曦的《耿爾在北京》、聶華苓的《桑青與桃紅》，無一不打上國共鬥爭的深刻烙印。台灣作家中有留學美國經驗的人很多，有一些後來一直住在台灣的作家也曾經寫過「留學生文學」，例如彭歌（本名姚朋）。我的老師夏志清先生在一篇評彭歌的小說的文章（題為〈志士孤兒多苦心〉，收入《夏志清文學評論集》，台北，一九八七年）中就寫過這麼一段話：

> 沒有人把彭歌同「留學生文學」連在一起，我覺得很奇怪。於梨華在五十年代初期即來了美國，得「留學生文學」風氣之先，一般評家也視之為留學生小說的代表作家。彭歌

留學遲了，而且為期甚短，但《在天之涯》、《從香檳來的》
這兩部愛國小說，暢寫留學生唸書、打工、戀愛、婚姻各
方面生活實況，也是傑出的留學生小說。此外，《紐約之一
夜》（寫於一九六一年十月），我認為是彭歌短篇傑作之一，
毫無疑問是篇留學生小說的精品。

我以為，真正有當代意義的「留學生文學」，是應當從上述台灣留
學生（主要是留美）的作品算起的。這不僅因為五、六十年代之
後台灣留學學生的數目遠遠超過從前中國留學學生的數目，而且
特別是因為這發生在國共鬥爭之後。因為國共鬥爭遠不只是兩個
政黨爭奪中國的統治權而已，它在本質上是代表了世界現代化運
動中的兩個模式 —— 西方模式與蘇聯模式 —— 之爭，因而有更深
廣的意義。八十年代之後空前大量的大陸留學生湧向國外，也是
這兩個模式之爭的某種形式的延續。如何超脫狹隘的意識形態的
心態，而以更宏觀的歷史文化視野來看這兩個模式的互相影響與
互相吸收，這或許正是當代留學生文學（大陸的與台灣的）必然
特別致力之處和必然引人注目的地方吧。

　　　　　　　　　　　1999 年 8 月 18 日，台北

文化部來了個年輕人 ── 寄語王蒙

　　王蒙之將成爲文化部長，看來是已成定局了。記得今年初他來紐約參加國際筆會時，我曾對他說過，他從一個「右派」──在中國當年，這個名詞之可怕遠在毒蛇瘟疫之上，它是五大階級敵人之一，而非西方人意念中，與「保守派」或「鴿派」等名詞含意相當的那個「右派」──變成中共中央委員，這無論在中共黨史或是中國文壇上都是一個「異數」。現在，這「異數」更是「異」得出奇了。文化部長雖不如國防部長，外交部長那樣大權在握，但畢竟是「內閣」閣員之一，是真正參與高層決策的人物。從前沈雁冰（即茅盾）曾居此職，似乎讓人覺得有點「榮譽」的味道，但沈非中共黨員，尤非中央委員，是不可與王蒙的政治地位相提並論的。

　　「礎潤而雨，月暈而風」。「右派」之王蒙一變而爲中央委員、文化部長之王蒙，並不僅如舊式的中國哲人所說的「三十年河東，四十年河西」或「一朝天子一朝臣」，而是實在地證明著中國的政治正在一步一步地走向開明開放，尤其是中共對知識份子的政策，的確在發生著某種不可忽視的有意義的變化。因此，正如我在兩年前所寫的〈王蒙的藝術革新與中國文學的現代化〉一文中所說的「對於王蒙的這些離經叛道的藝術創新，我是屬於喝采派

的」，現在，對於王蒙之當上文化部長，我也還是屬於喝采派的。

王蒙半生坎坷，飽經憂患，親嚐過被冤屈、被誣陷、被打擊、被專政的滋味。由他來當文化部長，比由那些自認爲「一貫正確」，「專」起別人的「政」來連眼睛都不眨一眨的「當然左派」們來當，要令人放心得多。而且王蒙自己是有成就的作家，對於文學，或者推廣一點，對於文化，當然很內行，由他來當文化部長，比由那些只擅長搞階級鬥爭的「外行」們來當，也要令人放心得多。但我也有杞憂。權力是可以腐蝕人的，地位是可以令人得健忘症的。「當明天具有了向昨天靠攏的希望的時候」，張思遠就下意識地把「這個」的「個」字拉長了聲音[1]，被整的人，一旦有權就忘記了被整的經驗，整起人來毫不遜色，這樣的例子，中國歷史上頗不少見。還有，製造「文字獄」的，也常常有不少秀才在內，遠的不說，近的如張春橋、姚文元，對於文學與文化，也並非完全「外行」。

其實，我願對王蒙有更積極的希望，而不只是消極的「你辦事，我放心」。在否極泰來、「復活於文壇」之後，王蒙曾經說過一段話：「我已經懂得了『凡存在都是合理的』的道理。懂得了講『費厄潑賴』，講恕道，講寬容和耐心，講安定團結。尖酸刻薄後面我有溫情，冷嘲熱諷後面我有諒解，痛心疾首後面我仍然滿懷熱情地期待著。我還懂得了人不能沒有理想，而理想畢竟不可能一下子變成現實，懂得了用小說干預生活畢竟比腳踏實地地去改

---

1 請看王蒙的中篇小說〈蝴蝶〉，載於《十月》1980年第4期，後收入《王蒙小說報告文學選》。

變生活容易。」[2]這自然是歷經滄桑之後，火氣盡除的粹然長者之音，對那些見解偏激、輕浮躁進的淺薄後生無疑是對症良藥。但是我希望王蒙在「懂得了『凡存在都是合理的』的道理」之後，切莫忘記了還有「改變生活」的必要，否則就會從林震變成劉世吾[3]，甚至更糟。曾經「存在」過一陣子的「清除精神污染」運動，不知王蒙認為「合理」否？「清污」 —— 或說「第二次反右」—— 幸而「存在」的不久，否則文化部長一職也可能不會落到王蒙頭上了。雖然，我百分之百地相信，王蒙絕不會成為「清污」的對象，但我想，王蒙也決不至於願意充當「清污」的旗手吧。

　　當年曾經是「年輕人」的王蒙現在來到了文化部，我希望他依然是一個「年輕人」，給老氣橫秋的文化部帶來一點年輕人的朝氣。如果說從前的王蒙只是「用小說干預生活」的話，現在可真有權力也有義務去「腳踏實地地去改變生活」了。誠然，正如王蒙自己所說，這更不容易。但這是說真想「改變生活」的話，倘不想「改變生活」，只想把官當穩，卻是比「用小說干預生活」還更容易的。至少，如果只是循章辦事地當文化部長，是不會有打成「右派」的風險的。

　　在一次餐會上，我曾經問過王蒙：「你當年做右派的時候，大概做夢也想不到日後會當中央委員吧？」他笑而不答。我不知道他怎樣想。但他既然以「蝴蝶」為名替張思遠作傳，那麼對於自己一生這種大起大落、忽辱忽寵的戲劇性遭遇，內心深處怕也

---

2 王蒙：〈我還在尋找什麼〉，載於《文藝報》，1980 年第 4 期，頁 44。
3 請讀王蒙的短篇小說〈組織部來了個年輕人〉，載於《人民文學》，1956 年 9 月號，後收入《王蒙小說報告文學選》。

難免有一點莊生夢蝶式的感嘆吧。如果說，連究竟是莊周夢為蝴蝶抑或蝴蝶夢為莊周的問題都不重要的話，那麼莊周（或蝴蝶）頭上的帽子究竟是紅紗或白紗的或烏紗的，就更不重要了。要緊的是活得像莊周，飛得像蝴蝶。

　　珍重啊，王蒙！

1986 年 4 月 10 日，紐約

〈天狗〉、〈春桃〉及其他

　　一口氣讀完賈平凹的〈天狗〉，立即就想起了許地山的〈春桃〉。一個是當今中國文壇的新星，一個是二十年代「文學研究會」的健將；一個是出身西北農民，滿身帶著泥土味的「土作家」，一個是生在嶺南、留學美國的「洋學者」；賈文作於一九八四年，許文作於一九三四年。真可謂背景胡越、時代迥異。而探討的主題卻如此相似，不僅使我發生濃厚的興趣，且引我深思。

　　〈春桃〉寫一個河北農村女子春桃在新婚的第一夜就因為逃兵災而離開了家鄉，半路上丈夫被土匪綁走，她一個人流落到北京，靠拾廢紙賣錢維生。一個偶然的機會，碰到在逃難時同行了幾百里路的青年劉向高，二人便同居一室，相依為命。如此三年，在另一個偶然的機會裡，春桃又遇到了失散四、五年、音信全無、此時已經殘廢、而且潦倒不堪的丈夫李茂。原來李茂從土匪那裡逃出來後當了兵，在一次與日本兵的作戰中負了重傷，被鋸去雙腿，生活無著，只得到北京來要飯。春桃絲毫也沒有猶豫地把李茂用車載到家裡來。於是問題來了，一個屋簷下，一個女人，兩個男人，怎麼辦？誰去誰留？按春桃的意見是兩個男人都留下，她捨不得向高，也不願意因為殘廢而拋棄李茂。她說：「咱們三人就這樣活下去，不好嗎？」可是兩個男人之間總是有些觀念上的

障礙，或者說心理上的障礙。一個怕別人罵自己是王八，一個怕別人說自己佔人妻子。但兩個人都心地善良，並不想毀掉對方以顯示自己的男子氣概，反而都想犧牲自己來成全對方。於是一天晚上，向高出走了，李茂上了吊。幸而故事的結局是喜劇的，李茂被救活了，向高也終於在第三天回到這個破屋簷下來。李茂說：「我已經同向高說好了。他是戶主，我是同居。」向高說：「若回到鄉下，他是戶主，我是同居。妳是咱們底媳婦。」以後故事會怎樣發展，我們不敢預測，但至少暫時地，這二男一女，是在一個屋簷下和和睦睦地過下去。別的讀者怎樣想我不知道，我自己讀到這裡，是覺得很欣慰的，很為作品中人物的理性決定和人性光輝所感動，也很欽佩作者的人道主義精神和蔑視習慣觀念的魄力，並且也不覺得這二男一女在一起生活有什麼不自然之處，似乎事情本該就是這樣子的。我尤其喜歡春桃這個形象，她有一種真實而健康之美，她是那樣平平凡凡、實實在在，而又那樣正直、勇敢、誠實和堅強。

〈天狗〉的故事發生在八十年代一片改革聲浪中的陝西農村。天狗是主人公的名字，這是一個三十六歲的農村遊民，無家無業，不會種田，卻喜歡養兔、釣魚、玩螞蚱，似乎應該算作「二流子」一類的角色。他跟打井師傅李正當了一年的徒弟，做百分之八十的苦工，拿百分之四十的工錢。這井把式視打井技術為專利品和鐵飯碗，不教外人，所以天狗一年下來，並沒有學到打井的手藝，最後還是被師傅解雇了。但天狗心地敦厚，對此毫無怨言，他尤其惦記只比他大三歲的師娘，那個如菩薩一般的女人給過他許多他所渴望的女人的溫暖和愛憐，激起過他許許多多關於

女人的想像，他隔幾天總要去師傅家看看師娘。在師娘的激勵下，他決定進城去找錢。他終於找到一個門道，而且發了一點財。但就在這個時候，李正在一次事故中受了重傷，天狗趕去把師傅從井裡背出來。但李正從此殘廢了，腰以下全部癱瘓，終年不能離炕，這個本來殷實的手藝人家，立刻面臨破產和飢餓。天狗表現了偉大的自我犧牲精神，不聲不響地把自己的全部積蓄貼補了這個家庭，以致使自己本來有可能成功的一段姻緣也因而告吹。灰心喪志、痛不欲生的李正，成天躺在床上胡思亂想，終於想出一個「招夫養夫」的辦法，要自己的老婆去招一個漢子進來，以支撐這個瀕於破產的家。天狗自然是最合適的人選，他猶豫了一陣，終於接受了。他於是一心一意地維持這個家，並由於發明養蠍的手藝，而使這個家重新恢復了小康局面，且一天天地比從前更興旺富裕起來，但他始終不同師娘 ── 他現在名正言順的妻子睡覺。他愛她，但又覺得那樣做對不起師傅。這一來，師傅可著急起來了，急得晚上睡不著覺。師娘也著急，覺得天狗有功於這個家，而沒有得到應有的「報酬」，太委屈他了。這井把式有意給他們造成方便，且慫恿女人去吸引天狗，甚至親自對天狗說：「你要那樣，我就死在你面前。」可是仍然沒有成功，天狗不夠膽或不忍心跟師娘睡覺。於是李正自殺了，冷靜地，甚至高高興興地：「他三天裡臉上總是笑著，還說趣話，還唱了丑丑花鼓。」他就這樣「為天狗騰了路」。故事的尾聲是一個重新組合的和樂富裕的農村新興戶，一改從前井把式視手藝為專利品的舊作風，把養蠍技術無保留地教給其他村民。至於天狗同師娘 ── 他現在的妻 ── 自然在一起睡覺了，這個文中雖然沒有說，但意思是很明顯的。不

過天狗似乎對師傅懷有某種餘歉，小說的結尾說：「天狗走過去，果然看見蠍子很大（按前面有一段描寫天狗和師娘看見蠍子交配，師娘有意引誘他，那時李正尙在），一時又想起了師傅，心裡怦怦作跳，就坐回炕上大口喘氣。」

　　賈平凹是否看過許地山的小說，〈天狗〉是否受到〈春桃〉的啓發，我們不得而知，但〈天狗〉與〈春桃〉在題材上的格外近似則是一目了然的。兩篇小說的目的似乎都在探討一種反常狀況中的反常夫妻關係 —— 一妻二夫的關係，以及由此引起的現實需要與倫理觀念之間的衝突。

　　人類社會自脫離原始階段進入文明時代以來，不分民族地域都以一夫一妻的方式構成社會的基本單位，這是人類社會爲了生存（現在）和延續（將來）所需要的最小單位。人類要生存與延續，就要滿足兩大最原始最基本的需要：食慾與性慾。中國的先賢們稱之爲「飲食、男女」或稱「食、色」，一夫一妻組成的家庭正是滿足食慾與性慾的基本據點。由這個事實出發，便產生出一套與之相適應的倫理觀念。又由於男人迄今爲止在經濟發展中扮演著較爲重要的角色，掌握著較多的權力，因而這套倫理觀念自然對男人有所偏袒。我們不妨說，人類社會的一整套倫理觀念，都是基於一夫一妻組成一個家庭這樣一個基本事實，再加上一些男尊女卑的色彩，而在這背後起決定作用的因素，則是食慾與性慾。因此，一旦食慾與性慾的條件發生了變化，一夫一妻的家庭也就有可能發生動搖，而相應的倫理觀念也就面臨挑戰。〈春桃〉與〈天狗〉中，兩個一妻二夫的反常家庭之所以建立，其原因蓋在於兩個丈夫中原來的一個已經變成殘廢，無法繼續承擔爲一家

人解決食的問題的責任，同時在性的問題上也留下一個空白，於是第二個丈夫才得以乘「虛」而入，或說應運而生。

但是這反常的家庭一經建立，就需要一套同樣反常的倫理觀念與之相適應。說它「反常」，是因為它同社會的其他家庭所具的倫理觀念不一樣，也同這個家庭的成員從前所具有的倫理觀念不一樣，其實就現在這個家庭內部而言，它倒是正常的。說到這裡，我要申明，我絕對服膺「人們的社會存在決定人們的社會意識」的理論，所以我不相信什麼「天不變道亦不變」，不相信有什麼放之四海而皆準、施之萬物而無違的絕對道德標準，我相信人們的道德觀念、倫理觀念及其他社會意識，都會隨著社會存在的不同而不同，隨著社會存在的變化而變化。時代不同、地域不同、種族不同、環境不同，都會在道德觀念、倫理觀念及其他社會意識上造成差異。中國古代社會裡，「男女授受不親」，現在則著「三點式」同池戲水亦司空見慣，這其間的差異何啻以道里計！近幾十年來，歐美社會在性和婚姻的觀念上較為開放自由，常被我們的「孔孟後裔」們罵得狗血淋頭，其實不過是西方工業社會經濟高度發展、物質豐富、社會流動性高、變動速度快等社會存在的一種必然反映，並不是幾個「披頭士」的提倡、宣傳造成的。一旦神州大地發達到今日歐美水平，我們炎黃子孫也未見得肯在這方面久屈人下呢。一夫一妻制以及與此相應的倫理觀，雖然在人類絕大部份地區和相當長的歷史時期（包括過去的一段時間和將來的一段時間）內都被視為當然，然而只要我們留心考察一下，就會發現它們也並不見得就那麼「天經地義」，例如朝鮮在韓戰後就公開實行一夫多妻制，而西藏某些地方至今還有一妻多夫，道

理很簡單，那時的朝鮮女人多男人少，而西藏的情形則正相反，如果堅持一夫一妻，勢必造成無數的曠夫和怨婦。因而在彼時彼地，一夫一妻反而不道德，而一夫多妻或一妻多夫才是道德的了。

讓我們再回過頭來談〈春桃〉與〈天狗〉，我前面說過，這兩篇小說中一妻二夫的反常家庭在特定條件下建立之後，就需要一個與之相適應的倫理觀。事實上，如果這種家庭得以鞏固下來，自然也就會產生一個這樣的倫理觀。例如〈春桃〉中李與劉協商後，決定一個為「戶主」，一個為「同居」，「三個人就這樣活下去」，便是這樣一種倫理觀。但是，在這種家庭建立的初期，新的倫理觀尚未產生，舊的倫理觀還在家庭成員的頭腦中存在著，於是新的現實（一妻二夫的家庭）同舊的倫理觀（一夫一妻制的觀念）之間便必然會發生矛盾和衝突，同時社會上其他人的倫理觀念也必然會對這個家庭產生一種壓迫作用。這種家庭能否繼續存在，在很大程度上正是取決於其成員能否迅速地理智地調整自己的心理，以新的（儘管對從前和外部來說是反常的）倫理觀取代舊的（亦即從前和外部視為正常的、正統的）倫理觀，並勝利地抵抗或消除外部的壓迫，而這兩方面的心理衝突正是文學作品可以表現和應當表現的最佳題材。〈春桃〉中劉向高說：「春桃，妳不明白，這兩天同行底人們直笑話我們。……」這就是外部習慣觀念的壓迫。他們怎麼抵抗這種壓迫呢？春桃說：「若是人家笑話你，你不會揍他？你露什麼怯？咱們的事，誰也管不了。」真是快人快語，乾乾脆脆，理直氣壯。一個女人，能有這樣的勇氣，實在值得佩服。她的勇氣從何而來？最根本的當然是現實的需要，因為只有這樣，三個人才能在那個貧窮亂世中活下來，在當時的情

形下，這是最合乎人性、最合乎理性的作法。且看春桃對李茂說的話：「一夜夫妻百日恩，我不做缺德的事。今天看你走不動，不能幹大活，我就不要你，我還能算人嗎？」所以春桃相信自己行為的正義性，理直則氣壯。其次，她的勇氣來源於她對所謂風俗習慣的輕視。作者寫道：「老實說，在社會裡，依賴人的和掠奪人的，才會遵守所謂風俗習慣；至於依自己的能力而生活的人們，心目中並不很看重這些，像春桃，她既不是夫人，也不是小姐；她不會到外交大樓去赴跳舞會，也沒有機會在隆重的典禮上當主角。她的行為，沒人批評，也沒人過問；縱然有，也沒有切膚之痛。」頂住了外部的壓迫，還有自己內心的衝突。這在李茂身上表現得最強烈，他的夫權意識讓他說出這樣的話：「人家會笑話我是個活王八。」也正是這種夫權意識使他要寫休書、寫賣契。總之，他多少還是把女人看成一種所有物——「媳婦」，這「媳婦」只能屬於一個人。劉向高也是同樣的看法：「教我冒一個霸佔人家妻子的罪名，我可不願意。」至於那個「媳婦」是不是應當像一件物品一樣被「休」、被「賣」、被「佔」，他們當然沒有想到。這次又是春桃表現出自己的獨立意志和人格以及對傳統習慣的反抗：「哦，你們商量著怎樣處置我來！可是我不能由你們派。」「你們都別想著咱們是丈夫和媳婦，成不成？」正是在這些地方，我們看出而且欽佩春桃作為一個「人」的道德勇氣，在一種非常的情況下所表現出來的正氣和人性美。

在〈天狗〉的故事中，外部的壓迫倒是沒有：「堡子裡的幹部，族中的長老，還有五里外鄉政府的文書，集中在井把式的炕上喝酒。幾方對面，承認了這特殊的婚姻，贊同了這三個人組成

一個特殊的家庭。」但人物內心的衝突則表現得更劇烈,更複雜。
〈春桃〉中李茂和春桃在新婚之夜就逃散了,劉向高與春桃同居
的時候,李茂連影子都沒有,待到春桃重新遇上李茂,李茂已是
失去雙腿,而劉向高與春桃已同居了三年之久,所以李茂以「同
居」的身份加入這個家庭,是最合理的安排,雖然有種種矛盾和
衝突,終於為各方所接受。但〈天狗〉的情形卻複雜得多,在新
家庭成立之前,天狗和師娘雖然有些感情的交流,但畢竟沒有越
軌,更沒有想到日後會成為夫妻。李正殘廢之後,新家庭成立了,
三方處境都很尷尬。李正要親自將老婆交給另一個男人,鼓勵老
婆與另一個男人睡覺;天狗要把從前的師娘當老婆,而師傅還活
在同一個屋簷下;這女人則要在從前的丈夫尚在身邊的情形下去
做另一個男人的老婆。在正常的情形下,這實在是匪夷所思。可
現在要挽救這個家,解決一家人「食」的問題,似乎只有這條路
好走了。在一個適應這種情形的新倫理觀產生之前,舊的倫理觀
念必與現實發生衝突。然而這種安排又是三個人都同意的,因而
這種衝突便以一種微妙的方式展開,它沒有表現為李正尚有夫權
意識,卻表現為天狗無法克服自己的心理障礙。雖然說好了是「招
夫養夫」,雖然天狗很愛師娘,可是在他的意識深處仍然覺得師娘
是屬於師傅的,他不能去佔有。儘管師傅有意造成方便,師娘也
有意無意地去引誘他,他終於不敢或不忍同師娘睡覺:「天狗痛哭
失聲,突然撲倒在了塵土地上,給女人磕了三個響頭,卻瘋了一
般從門裡跑出去了。」既然新的倫理觀建立不起來,那就只有向
舊的倫理觀讓步了,於是,李正死了,因為舊倫理觀中容不下兩
個男人。他不死,天狗終於有一天會離去,那麼這個家就要再次

面臨破產和飢餓，爲了這個家，他只有犧牲自己，因而作者把他的自殺寫得很冷靜，甚至帶一點悲壯的味道。從另一個角度看，則天狗的忠厚善良、對舊的倫理觀念的恪守正是促成了師傅的自殺，難怪作者說女人「恨天狗忠於師傅、忠於師娘，卻忠得千不該萬不是。」

　　〈春桃〉是帶有悲劇色彩的喜劇。我們欽佩春桃的勇敢和善良，也慶幸李茂和劉向高克服了自己的觀念障礙，找到了理性的解決辦法，讀後令人暢快。〈天狗〉則是帶點喜劇色彩的悲劇，讀後令人抑鬱。天狗因爲忠厚善良，始終克服不了自己的心理障礙，從而促成了師傅的自殺，然而假定把他寫成輕而易舉地克服了心理障礙，則又必然會失去忠厚善良的人性美。但是多少帶有一點「二流子」個性的三十六歲的光棍天狗，在師傅沒有受傷前就已經對師娘想入非非，爲什麼在名正言順地成爲丈夫以後，反而又變成了一個「聖人」呢？這總有點教人費解。

　　小說中一而再，再而三地寫李正慫恿老婆去吸引天狗，讀來也叫人覺得痛苦而彆扭。還有一點尤其叫人納悶：主角取名「天狗」，文中又常常把師娘比作月亮；故事後半寫蠍子偷進蟈蟈籠，吃掉了蟈蟈，而這一家人反意外地因養蠍而致富，天狗正是養蠍的能手；文末寫天狗看見蠍子肥大，因此想起師傅，心中怦怦作跳。這些有意安排的意象似乎在向讀者暗示：天狗實際上是霸佔了師娘，逼死了師傅。難道這是作者的意圖嗎？如果不是，爲什麼要這樣寫呢？我不禁要猜想，也許作爲藍本的故事本來是這樣的：天狗與師娘有染，因而被師傅解雇；李正傷殘後，又逼於老婆的壓力，招天狗進門；眼看一切盡爲他人所有，終於因嫉妒、

氣憤而自殺。這樣想當然很不「忠厚」，也很缺乏「理想主義的光彩」，但卻很現實，也合乎邏輯，並且是因作品本身的啓發而誘致的。如果真是這樣，則作者是企圖把一灘鮮血點染成一枝桃花，倘不是楊龍友那樣的高手，就難免會留下一些痕跡來。怪不得看來看去總覺得彆扭，總覺得不大舒服，甚至有虛假僞善之感。大概也正是因爲如此，以八十年代的新中國爲故事背景的〈天狗〉卻沒有以卅年代的舊中國爲故事背景的〈春桃〉那種健康明朗的色調和真實感人的力量。

　　最後，我還想回到前面提到過的食色問題上再說幾句。食慾與性慾這兩大人類的基本需要，既是在正常情形下，促成人們建立一夫一妻家庭的原始動力，也是在反常情況下，促使人們建立一夫多妻或一妻多夫家庭的原始動力。但我們在〈春桃〉與〈天狗〉中看到的是食的因素在起作用，性的因素並不明顯，如果李茂鋸去雙腿後仍然腰纏萬貫，李正受傷致殘後仍然家累千金，則故事的發展當然就兩樣了。這說明在食與性兩個因素中，食是更爲基本、更爲重要的問題，在一個貧窮如中國的社會裡，人們有時候簡直顧不上性。但這僅僅是問題的一個方面，問題的另一個方面是，有一兩千年道學傳統的中國，作家常常有意無意地忽視性的問題，迴避性的問題，或假裝看不見性的問題。但忽視、迴避也好，假裝看不見也好，性的問題並不就因此而不存在，也並不就因此而不到處發揮它的影響和作用，當食的問題不成爲問題的時候，性的因素就會更顯出它的重要意義來。即以〈天狗〉爲例，如果李正家累千金，受傷致殘後固不必出「招夫養夫」的下策，可是女人正當盛年，難道就沒有性的需要了嗎？這個問題要

不要解決呢？怎麼解決呢？這使我想起英國作家勞倫斯當年備受批評的小說《查泰萊夫人的情人》，查泰萊先生不需「招夫養夫」，可是查泰萊夫人還是跟人家跑了。查泰萊夫人作得對不對呢？拋棄因傷殘廢的丈夫，看來是不道德的；可是，把女人僅僅視為自己的所有物，而不承認她也是一個與自己有同樣人格、同樣慾望的平等的人，片面地要求她為自己而犧牲，難道就是道德的嗎？人類的吃飯問題在一部份國家和地區已經成為、在其他國家和地區也終會成為歷史陳跡，但因傷致殘或因病致殘卻會繼續存在。面臨這樣的悲劇時，人們應當怎麼辦呢？這樣一想，更令我覺得春桃的形象不僅充滿人性的光輝，且具有永恆的意義了。

1985 年 11 月 12 日，紐約哥倫比亞大學

讀阿城的《棋王》二題

飢餓而不甘沉淪的靈魂

我讀阿城的《棋王》，如聞空谷足音，欣然而喜。讀完一遍，忍不住再讀一遍，覺得這樣的文字好久沒有讀到了。

《棋王》是以知青生活爲題材，寫文革動亂歲月的小說。我很欣賞作者的筆觸能努力超脫時空的侷限，擺落幼稚的感傷，而於縱深處、實在處刻劃人生。這裡沒有具體的譴責對象，沒有血雨腥風的字面，沒有悲歡離合的情節，只是冷靜地不動聲色地甚至帶著幾分幽默敘述著平凡而又感人肺腑的故事。不哭不叫不罵，而自有一種悲壯沉雄的氣魄在其中。讀這樣的文字，你不易激動落淚，但卻會掩卷沉思。

我讀《棋王》，感觸最深的是飢餓，肉體上的飢餓與精神上的飢餓。我以爲主角王一生本質上是一個飢餓的形象。他的「吃」論和「吃」相中烙刻著肉體飢餓的經驗，他的迷於「棋」、精於「棋」則是精神飢餓的反映。

王一生家裡非常窮，平均每人每月的生活費還不到十元人民幣。他雖然嗜棋如命，卻連一副棋都買不起，他可憐的母親用撿來的廢牙刷柄磨了一副無字棋，算是彌留之際留給他的一份遺產。別的青年視下放插隊爲畏途，他卻以每月能得到四十二斤糧

票、二十幾元錢為極大滿足，這樣的家庭背景必然使他對飢餓有著深刻而痛苦的記憶。唯其如此，他才會對吃的故事那麼感興趣，也才會那樣激烈的批評傑克·倫敦是「飽漢子不知餓漢子飢」，說他在《熱愛生命》中寫一個人曾經受了嚴重的飢餓後變成一個恐懼食物短缺狂者，是「嘲笑飢餓」。在王一生看來，那人把麵包藏在褲子底下乃是一種「常將有時思無時」的正常舉動，正如中國民間傳說中那個懂得節省的媳婦每餐做飯時都留一把米藏起來一樣。其實王一生對於吃只有最低限度的追求 —— 用他自己的話說是「實在」，食物的好壞固不計較，就是數量也只要「半飢半飽」就行了，超乎此在他看來就是「饞」，就是奢侈，他自己吃飯時是連一粒米一片油花都不漏掉的。作品中有一段「我」看他在火車上吃飯的描寫，很值得我們細讀：「列車上給我們這幾節知青車廂送飯時，他若心思不在下棋上，就稍稍有些不安。聽見前面大家拿吃時鋁盒的碰撞聲，他常常閉上眼，嘴巴緊緊收著，倒好像有些噁心。拿到飯後，馬上就開始吃，吃得很快，喉節一縮一縮的，臉上繃滿了筋。常常突然停下來，很小心地將嘴邊或下巴上的飯粒兒和湯水油花兒用整個食指抹進嘴裡。若飯粒兒落在衣服上，就馬上一按，拈進嘴裡。若一個沒按住，飯粒兒由衣服上掉下地，他也立刻雙腳不再移動，轉了上身找。這時候他若碰上我的目光，就放慢速度。吃完以後，他把兩隻筷子吮淨，拿水把飯盒沖滿，先將上面一層油花吸淨，然後就帶著安全到達彼岸的神色小口小口的呷。」這裡沒有使用一個激烈的字眼，只是平平道來。但一字一句地讀過一遍之後，哪一個敏感而富於同情心的人能不聳然而驚，憮然而哀呢？

　　然而並不止於王一生，包括「我」在內的那一群知青，人人都有挨餓的經驗，在食物面前個個都露出可怕的饞相。且看吃蛇那一段，先是「蛇肉到了時間，端進屋裡，掀開鍋，一大團蒸氣冒出來，大家並不縮頭，慢慢看清了，都叫一聲好。」接著就「乒乒乓乓地盛飯，伸筷撕那蛇肉蘸料，剛入嘴嚼，紛紛嚷鮮。」腳卵講中秋吃螃蟹的事，但無人理會，「只顧吃」，後來，連最斯文講究的腳卵「眼看蛇肉漸少，也急忙提起筷子夾，不再談什麼。」於是，「不一刻，蛇肉吃完，只剩下兩副蛇骨在碗裡。」然後吃茄子，「大家喘一口氣，接著仲筷，不一刻，茄子也吃盡。」直到「飯已吃淨」，大家盛了湯，這才「熱熱地小口呷，不似剛才緊張，話也多起來了。」這實在是一段有聲有色的妙文，說是吃飯，但那緊張的氣氛竟同打仗差不多。還有一段妙文，是寫知青在小鎮上吃館子：「沿街一個館子一個館子地吃，都先只叫淨肉，一盤一盤地吞下去，拍拍肚子出來，覺得日光晃眼，竟有些肉醉，就找了一處草地，躺下來抽煙，又紛紛昏睡過去。醒來後，大家又回到街上細細吃了一些麵食，然後到總場去。」這氣氛比吃蛇輕鬆，但那饞相則一。再看「我」做活休息時想棋呆子的那一段：「山上活兒緊時，常常累翻，就想：呆子不知怎麼幹？那麼精瘦的一個人。晚上大家閒聊，多是精神會餐。我又想，呆子的吃相可能更惡了。我父親在時，炒得一手好菜，母親都比不上他。星期天常邀了同事，專事品嚐，我自然精於此道。因此聊起來，常常是主角，說得大家個個兒腮脹，常常發一聲喊，將我按倒在地上，說像我這樣兒的人實在是禍害，不如宰了炒吃。下雨時節，大家都慌忙上山去挖筍，又到溝裡捉田雞，無奈沒有油，常常吃得胃

酸。……尺把長的老鼠也捉來吃，因鼠是吃糧的，大家說鼠肉就是人肉，也算吃人吧。」這段話兩次提到「吃人」，看似幽默實則沉痛。試思這群知青每人每月只有五錢食油，卻要承受沉重的體力勞動，能夠不餓不饞嗎？這群為飢餓所煎熬的青年不僅吃蛇吃鼠吃田雞，吃一切可吃的東西，而且要開「吃人」這樣荒謬殘酷的玩笑，似乎非如此不足以面對生活的荒謬殘酷似的。

小說的題目是《棋王》，但作者用於寫吃的篇幅決不少於寫棋。我們不妨說，「吃」與「棋」是這篇小說兩大平行主題：它們互相映襯、互相生發，譜出一曲詛咒物質貧困和精神貧困的二重奏。

物質的貧困與精神的貧困都是罪惡。物質的匱乏又常常導致精神的匱乏。王一生出生在一個不幸的貧寒之家 —— 雖然這是一個典型的「勞動人民」家庭，可惜並沒有因「解放」而「翻身」，而且父母都沒有文化，盡管王一生「腦筋好，老師都喜歡」，可貧窮奪去了他的一切娛樂，學校春遊、看電影他都不去，為的是「給家裡省一點兒是一點兒」。一個聰明的孩子沒有發展自己的任何機會，只有把全部才能灌注到一個最廉價的娛樂裡，於是迷上了象棋。接著就是「史無前例」的「文化大革命」，把他進一步受教育的機會也剝奪了。而且，這場「文化革命」到頭來是革掉了一切好一點的文化，十億人只剩下四卷「紅寶書」、八個「樣板戲」，於是王一生就更只有一個象棋可以玩玩了。何況那年月「四海翻騰」、「五洲震盪」，整個中國弄得天翻地覆，烏煙瘴氣，與其去參加損人害己的「造反」、「革命」，還不如「待在棋裡舒服」。「何以解憂？唯有下棋。」王一生終於成為「棋呆子」了。作者維妙維

肖地刻畫出這個「棋呆子」不看地點場合、逢人便求對弈，甚至
為人所利用亦不知的「呆」相。這下棋的「呆」相正與他吃飯時
的「惡」相映成趣，一飢餓於肉體，一飢餓於精神。

　　醉心於一種技藝而至於迷、而至於呆，這本是一種值得尊敬
的專注和獻身精神，但王一生的「呆」除了可敬的一面外，更多
的是叫人可憐。因為他的迷於棋，呆於棋多少是出於莫可奈何。
一方面，除下棋外，無處可以發揮他的才智，另一方面，除下棋
外，也無物可以遣愁釋悶。其實，在正常的情況下，王一生的才
智本可以成就更大得多更有用得多的事業，下棋作為業餘消遣就
好了。他在學校裡數理成績「不說是前數名」嗎？他的母親不也
再三叮囑他「要學，就學有用的本事」嗎？但是在那視文化為禍
害，宣揚「書讀得越多越愚蠢」、「知識越多越反動」的年代，能
夠學什麼本事呢？於是下棋吧，「有憂下棋解」。這倒應了清朝詩
人顧貞觀那句話：「不為無益之事，何以遣有涯之生？」嗚呼痛哉。
我想起奧地利作家茨威格寫的一篇小說來，二次世界大戰時一個
猶太知識分子被納粹納關進監牢裡，他什麼都可以忍受，就是不
能忍住沒有書讀，後來偶然發現一本棋譜，他高興得不得了，把
那本棋譜研究過來研究過去，竟然成了一個棋迷，並因此而發狂。
寫的也是精神飢餓。（妙在也是下棋，莫非阿城於此取得某種靈感
麼？）幸而王一生沒有成狂，倒是下棋下得成精了。更幸而命運
有情 —— 或說作者未能忘情，給了他一個一顯身手的機會，在地
區賽中讓他表演一場「九局連環」的「車輪大戰」，而且竟然戰勝
所有的對手而奪魁。倘不是這個偶然的機遇，則王一生將同那個
揀爛紙的老頭兒一樣，終其一生不過一「棋呆子」而已，「棋王」

云乎哉！

在那個「橫掃一切」的年代，困於精神飢餓的又何止王一生一人？感嘆沒有書讀、沒有電影看，自覺被過去的理想所嘲弄的知青「我」；評淪世事如棋，而不如棋勢清白的揀爛紙的老頭；忍受不了生活的折磨，時時緬懷家世的知青腳卵；想有所作為而不能的畫家；以及慨嘆棋道不興的冠軍老者；甚至那位想以不正當手段騙取腳卵家傳書畫的文教書記，幾乎《棋王》中所有的角色，哪一個不是在難以忍受的精神飢餓之下呻吟？沒有娛樂，沒有文化，沒有理想，沒有創造，沒有高乎衣食之上的追求，有的只是「鬥爭」、「專政」，有的只是「高舉」、「照辦」，一種色彩代替了千百種色彩，一個腦袋取消了十億個腦袋。湮滅智慧，扼殺人才。一個怎樣貧困的國度，一個怎樣野蠻的年代！至今思之，還叫人不寒而慄。難怪作者把「何以解憂？」的浩嘆作成自己的主旋律，讓它再三再四地迴盪在《棋王》的字裡行間。

《棋王》的貢獻正在於它冷靜地、不怨不怒地、然而極其生動地刻畫了肉體飢餓和精神飢餓之悲哀。而尤其可貴的是，作者在沈重的刻畫中展現出撲不滅的人性尊嚴和壓不住的向上生機。王一生的呆中有傲（例如他對那位援引最新指示訓導他，自己卻走不通殘局的名手，以及以答應他參加比賽來騙取腳卵家傳書畫的文教書記的態度），王一生的終於成為「棋王」，展現出一個為肉體與精神雙重飢餓所折磨而仍然不肯低頭、不甘沉淪的靈魂，一個在貧瘠的土壤中、巨石的重壓下仍然要抓住每一機會挺起、茁生的智慧之花。正是在這一點上，王一生這個「精瘦」的如「鐵鑄一個細樹樁」的「瘦小黑魂」乃於貧窮落後、多災多難而始終

不肯屈服，始終奮發向前的中華國魂相通，也與至今還在同貧困及愚昧作不息鬥爭的人類精神相通。《棋王》之引人深思在此，《棋王》之令人奮發在此。

似曾相識燕歸來

　　我讀《棋王》，如重逢久別的故人，有一種又熟悉又陌生的感覺。說陌生，是因為文壇久不見這樣的文字了；說熟悉，是覺得似乎什麼時候讀過而且我理想中的小說文字本該如此的。

　　中國自新文化運動以來的現代小說，若論文體，大別不過三家：一是魯迅，一是茅盾，一是老舍。魯迅的文體自傳統小說來，參以文言句法，沈鬱、含蓄、凝煉、峭深。茅盾的文體自歐化文字來，參以現代口語，華美、輕巧、細膩。老舍的文體自京白及曲藝來，參以歐化句法，酣暢、地道、圓熟。這三家各有優長，俱卓然自立，蔚為宗匠。此外張恨水、張愛玲，文體自傳統小說來而取其輕熱一面，又多道兒女情，婉曲、流利、明達，亦堪立派，而似乎還不足以與前三家抗衡。

　　環顧當代文壇小說各家，似以茅盾派及準茅盾派最多。老舍派間亦見之，如年前讀到的鄧友梅所作中篇《那五》，其酣暢而有節奏感之語言、濃郁的地方氣味和民俗色彩就很接近老舍。張恨水、張愛玲派在台灣頗發達，但翹楚寥寥。唯獨魯迅這一派在台灣固不必說，在大陸亦「寂兮寥兮」，有「不得其傳焉」之感。

　　魯迅派的凋零，大概是因為鵠的太高，不可企及，而人心貪易、天才難得。青年人儘管也知道魯迅偉大，但真願學又能學的人很少，倒有不少人直率承認魯迅的文章讀不懂。廣陵散於是乎

有絕響之可能。

我自己是喜歡魯迅的，因此便常常懷著杞憂。這一回讀到阿城的《棋王》，卻似乎看到一線光芒了，心胸乃為之一暢。

「車站是亂得不能再亂……」這開頭多麼突兀，又多麼簡潔，攔腰一句，憑空而起，一點不拖泥帶水，而句法又何等峭拔雅健，令人眼睛一亮。立刻想起魯迅的文章，也喜歡這樣開篇，甚至句法都像。例如《祝福》：「舊曆的年底畢竟最像年底……」《藤野先生》：「東京也無非是這樣。」《奔月》：「聰明的牲口確乎知道人意……」一篇文章、一部小說（乃至電影、戲劇），開頭如何，常常預示著全篇的優劣，倘寫了數百字、上千言還盡在交待背景、醞釀氣氛，說不到點子上，則全篇的散漫、無力，大概是可以預見的吧。而時下小說有此病者頗不少。

「我的幾個朋友，都已被我送走插隊，現在輪到我了，竟沒有人來送。我雖無父母，孤身一人，卻算不得獨子，不在留城政策之內。父母生前頗有些污點，運動一開始即被打翻死去。家俱上都有機關的鋁牌編號，於是統統收走，倒也名正言順。我野狼似的轉悠了一年多，終於還是決定要走。此去的地方按月有二十幾元工資，我便很嚮往，爭了要去，居然就批了。」這是開頭第二段，寥寥數語，已把「我」的遭遇及知青下鄉插隊的社會背景都說到了。值得注意的是句法：白描、短句、運用很多虛字來傳達敘述的情感、氣韻。像傳統小說式評話嗎？像，又不像；像現代白話、口語嗎？像，又不像。細細琢磨一下，不難發現有中國古代散文的句法和韻味在其中。再看一段：「王一生孤身一人生在大屋子中央，瞪眼看著我們，雙手支在膝上，鐵鑄一個細樹椿，

似無所見，似無所聞。高高的一盞電燈，暗暗地照在他臉上，眼睛深陷進去，黑黑的似俯視大千世界、茫茫宇宙。那生命像聚在一頭亂髮中，久久不散，又慢慢彌漫開來，灼得人臉熱。」這一段不是白描，也不用虛字，與前段不同，但精警凝煉，多用偶句，似乎又看得出古代駢文的影響。當代小說，絕大多數用純粹白話寫成，這當然是大勢所趨，好處是易讀，佳者亦輕巧細膩，婉轉多姿，但病在不耐咀嚼，且常易流入熟滑煩絮，故經得起一讀再讀的當代小說實在少之又少。我以為書面文字同口語是應當拉開一個適當距離的，非如此不足以盡文字之美，非如此不足以救熟滑煩絮之弊。而最佳的辦法大概莫過於酌量取法古文，參用古典詞語及古文句法。當然，這話說來容易，做來可難，弄得不好，就成了半文半白，像「解放腳」，港台一帶頗有些先生喜歡做這種文字，那就未免畫虎不成反類狗了。現代文學家中，最擅此道的自然是魯迅。魯迅的文章以白話而兼具文言的氣韻，所以特別有味耐讀，可惜的是傳衣缽者甚少，散文中還可偶一見之，小說中幾乎就絕響了。現在阿城似乎想作這種嘗試，我以為為非常值得喝采。

　　大概也與此有關吧，《棋王》的語言到處都顯出一種從容、含蓄、簡潔、凝煉的特色來。

　　可舉的例子很多，明顯的精彩處人皆見之，不需多說。我現在來摘引兩段易為大家忽略的文字，藉此分析一下《棋王》的語言風格。這兩段文字在全篇小說中所佔比重很小，作者似乎也沒有著力，只是閒閒道來，好像略不經意。但正是在這種非關鍵處、不經意處，我們很容易看出作者手段的高下。

　　第一段：

　　　後來聽說呆子認為外省馬路棋手高手不多，不能長進，就
　　　託人找城裡名手近戰。有個同學就帶他去見自己的父親，
　　　據說是國內名手。名手見了呆子，也不多說，只擺一副據
　　　說是宋時留下的殘局，要呆子走。呆子看了半晌，一五一
　　　十道來，替古人贏了。名手很驚訝，要收呆子為徒。不料
　　　呆子卻問：「這殘局你可走通了？」名手沒反應過來，就說：
　　　「還未通。」呆子說：「那我為什麼要做你的徒弟？」名手
　　　只好請呆子開路，事後對自己的兒子說：「你這同學倨傲不
　　　遜，棋品連著人品，照這樣下去，棋品必劣。」又舉了一
　　　些最新指示，說若能好好學習，棋鋒必健。

短短二百餘字，呆子之能、之呆、之傲，名手之徒有虛名、之死
要面子、之趨時附勢，都一一躍然紙上。妙的是作者未嘗著一字
評論，未嘗有一字挖苦，無半點火氣，無半點誇張，只在人物的
極簡短的對話和動作中，淡淡地著上「據說」、「也不多說」、「只」、
「不料」、「只好」、「事後」、「又」幾個虛詞或連接語，就「境界
全出」了，其好處就在從容含蓄而又生動傳神。唐代詩人和詩評
家司空圖論「含蓄」一品說：「不著一字，盡得風流」，《棋王》此
段庶幾乎近之。末尾：「又舉了一些最新指示，說若能好好學習，
棋鋒必健。」以冷雋的筆調傳出諷刺之意，不僅諷刺了名手的趨
時附勢，也諷刺了當時「一句頂一萬句」、事事奉「最高指示」為
金科玉律二的社會怪象。

　　第二段：

　　　大家出來，摸黑拐到畫家家裡，腳卵已在屋裡，見我們來

了，就與畫家出來和大家在外面站著，畫家說：「王一生，你可以參加比賽了。」王一生問：「怎麼回事兒？」腳卵說，晚上他在書記家裡，書記跟他敘起家常，說十幾年前常去他家，見過不少字畫兒，不知運動起來，損失了沒有？腳卵說還有一些，書記就不說話了。過了一會兒書記又說，腳卵的調動大約不成問題，到地區文教部門找個位置，跟下面打個招呼，辦起來也快，讓腳卵寫信回家講一講。於是又談起字畫古董，說大家現在都不知道這些東西的價值，書記自己倒是常在心裡想著。腳卵就說，他寫信給家裡，看能不能送書記一兩幅，既然書記幫了這麼大忙，感謝是應該的。又說，自己在隊裡有一副明朝的烏木棋，極是考究，書記若是還看得上，下次帶上來。書記很高興，連說帶上來看看。又說你的朋友王一生，他倒可以和下面的人說一說，一個地區的比賽，不必那麼嚴格，舉賢不避私嘛。就掛了電話，電話裡回答說，沒有問題，請書記放心，叫王一生明天就參加比賽。

這一段也不過三百餘字，寫文教書記之貪婪狡獪，以權營私，也是呼之欲出。還是不動聲色、不著議論、不加說明，只把書記和腳卵兩人的「敘家常」用「說」、「不說話了」、「過了一會兒……又說」、「於是又談起」、「連說」、「又說」幾個詞一串，也就「境界全出」了。這裡留有許多空間要由讀者的想像補出，耐人尋味即在此等地方。「不著一字」而能「盡得風流」者，蓋意在言外，讀者可馳騁想像、見仁見智，各得所得，而不必由作者說盡也。現在不少小說作者、喜歡自己出面，大段議論、大段旁白，或借

篇中人物說出微言大義，唯恐讀者看不懂，不僅低估了讀者再創造的能力，也降低了自己作品的藝術品格。段末：「又說你的朋友王一生，他倒可以和下面的人說一說，一個地區的比賽，不必那麼嚴格，舉賢不避私嘛。」若取來與前頁同是該書記說的：「不好辦。聽說你很有天才，可是沒有取得資格去參加比賽，下面要說話的。」對讀、真令人絕倒，而不能不佩服作者的諷刺才能了。

這種含蓄悠遠、婉而多諷的深味，我們在魯迅的小說中是常常見到的，《孔乙己》、《阿 Q 正傳》、《風波》……例子太多了。

《棋王》中也有許多地方的寫法同上引兩段不同。每當敘事敘到緊張時刻，作者就改採一種咄咄逼人，恍若刀光劍影交加而來的文字。但無論如何緊張，作者那支筆還是從容有序，文字仍是簡煉峭拔，決不用議論或評述來代替對話和動作。且看第一章中他寫呆子擠地頭下棋的一段：「每到一處，呆子必要擠地頭看下棋。看上一盤，必要把輸家擠開，與贏家殺一盤。初時大家看他其貌不揚，不與他下。他執意要殺，於是就殺。幾步下來，對方出了小汗，嘴卻不軟。呆子也不說話，只是出手極快，像是連想都不想。……待三盤下來，眾人都摸頭，這時呆子倒成了棋主，連問可有誰還要殺？」這是又一種「傳神」，與前引兩段不同的只是前者冷，後者熱，但敘事的一筆不亂，用字的準確難移，造句的精悍乾脆，仍與前引文字一氣相通。

總起來說，《棋王》的語言風格是從容含蓄、簡煉傳神，且時有冷雋之筆。其敘事風格以白描為主，像中國傳統小說，而句法峭拔，神韻悠遠則近魯迅。同時作者還博採時人活語、熔鑄入文，表現了可貴的創造力，例如已有評論家指出過的「肉醉」一

詞，的確是妙手偶得；此外如「緊一緊手臉」、「說得大家個個兒腮脹」、「提了斧野唱」也都新穎不俗。

　　阿城是一個青年作家，《棋王》是他的處女作，初出茅廬就在藝術上有如此豐富的斬獲，這是極可喜的現象，我願以大匠期之。勉之哉，阿城。

　　　　　1985 年 12 月 7、8 日，於哥倫比亞大學

眞實的力量
── 讀大陸小說「血色黃昏」有感

在紐約漫天的鵝毛大雪天氣中讀完「血色黃昏」，我扶案而起繞室徬徨。心中百感交集，腦子裡翻箱倒櫃。文革結束十二年了，來美國也快八年了，雖然故園之夢仍無日無之，但思慮的到底還是眼前的居多，鬼哭神號的文革歲月漸漸被遺忘在心底，不大去想它了。然而這可惡的老鬼，竟把那噩夢般的過往如此真實地端到你面前，一頁一頁地翻給你看：發瘋的，發狂的，血淋淋的，陰慘慘的，叫人搥胸頓足的，叫人欲哭無淚的。叫人百思不得其解的，叫人絕望到寧可變成野獸畜牲的。全都抖出來，倒出來，殘酷而強悍，沉重而感人，叫你不能不一口氣讀下去，直到最後一頁。

被這本書震撼、攪動得坐立不安的絕不止我一個人。元旦夜一群哥倫比亞大學的中國留學生在我這裡聊天，忽然就談到「血色黃昏」，大家幾乎異口同聲地說好。幾個曾經下放插隊的，反應尤其強烈。據說「血色黃昏」自去年發行以來，半年中已賣出了四十多萬冊，創造了這幾年來大陸嚴肅文學銷售量的最高紀錄。是什麼東西使得「血色黃昏」具有這樣大的吸引力、感染力呢？

顯然不是離奇古怪的情節（它沒有），不是魔方一樣的精巧

結構（它沒有），不是變戲法一樣的寫作技巧（它沒有），也不是謎一樣費解的語言（它也沒有）。是什麼？我想首先是真實，是素樸的真實，赤條條的真實。我這裏所說的真實有兩個含義。一個是作者面對現實（包括面對自己）的真誠坦率的態度，不迴避，不粉飾，不有意誇大或縮小。另一個含義是作品所刻畫出來的真實的現實，那在中國的土地上曾經有過，現在也還相當程度地存在的真實。這個真實是每一個成年的中國人都熟悉的，是用我們自己的血肉和骸骨、眼淚和悲哀、愚昧和卑怯作材料而構成的。

幾十年來，在「文藝爲無產階級政治服務，文藝爲工農兵服務」的口號聲中，在「革命的現實主義與革命的浪漫主義相結合的創作原則」的「指導」之下，我們看夠了說謊的作品，看夠了瞞和騙的作品，看夠了拍馬溜鬚的作品，看夠了歌功頌德的作品，看夠了奉敕修撰的作品，看夠了按照欽定的理論描神畫鬼的作品。「四人幫」打倒以後，大陸文學似乎有一點解凍的跡象，說是可以描寫「傷痕」了，可以「反思」一下了。開始還有一絲新意，慢慢又終於令人厭倦起來。那些身上有「傷痕」的主人公要麼是老革命，要麼是烈士的後代，要麼是貧下中農；「反思」的對象也僅限於文革打砸搶、林彪四人幫，充其量到反右運動的「擴大化」。總之，還是「思無邪」，自覺不自覺地呆在一個新的框框裡，依然同真實的現實小心翼翼地保持適當的距離。

如果說，文革前和文革中，中國大陸的作家只要揣摩上面的意圖就行了，那麼最近幾年的變化是：也要適當考慮一下讀者的口味了。於是便有一大批聰明的作家絞盡腦汁，變著法兒去迎合上下左右的喜好，而又絕不觸犯神聖的戒條。「尋根」啦、「鄉土」

啦、「現代派」啦，一時鬧得很是熱火。儘管也有一些人在那裡高唱現實主義，但正如劉賓雁所說的，他們所說的「現實主義」還是一種貌似真實而實際上並不真實的「新的偽現實主義」。近年來，文學在大陸上失去了轟動效應，除了中國人開始學會「向錢看」之外，恐怕對這種「新的偽現實主義」以及種種花梢文學感到厭惡，也是一個重要的原因。

　　「血色黃昏」所引起的轟動，證明真正反映現實的文學作品在中國人民中間仍然有著廣大的讀者群。它的力量就在於真實。正是因為說謊的作品、巧於迴避的作品太多了，中國人民才會對敢說真話的作家和作品格外歡迎、格外尊重。劉賓雁是一個例子，「血色黃昏」是又一個例子。

　　也正是因為說謊的作品、巧於迴避的作品太多了，幾於無篇不是，人們對於文學的不同程度的作偽已經習慣了，麻木了，好像中國的文學作品本該就是如此的，不如此便不成其為文學。還有一套理論，什麼「提煉」啦，「昇華」啦、「高于生活」啦、「典型環境中的典型性格」啦，等等。於是慢慢地，「假作真時真亦假」，人們開始忘記真實為何物了。現在有一部真正寫真實的作品出來，赤裸、直白，居然毫不雅化、毫不修飾、毫無忌諱，於是便令人們大吃一驚了，不敢相信這竟然是真的，文學作品竟然可以這樣寫。但仔細一想，又的確是真的，為什麼不能這樣寫？於是轟動。

　　其實，「血色黃昏」有什麼了不起得地方呢？它無非是寫了一群知識青年在文革中到內蒙去參加「生產建設兵團」，「開發」草原的故事。簡直是一部實錄，筆法近於白描。它的最了不起的

地方就在於：如實地寫。即不按某種既定的（正統的、為官方認可的）教條去編造，不為某種指定的（因而會受誇獎）目的服務。在「血色黃昏」裡，知識青年的天真、純潔、無知、偏激；軍隊幹部的虛偽、貪婪、兇殘、墮落；蒙古牧民的愚昧、善良、懦弱、自私；人為的階級鬥爭的殘酷和虛假；群眾運動的瘋狂和破壞性；知青生活的貧窶（物質與精神兩方面）與黑暗，都如實地寫出來，既不縮小也不誇大，如此而已。

　　其實，這樣的小說許多人都可以寫得出來。正如「血色黃昏」的作者老鬼所說的：「在那動亂的年代，凡是有知青的地方都會有許多悲愴感人的故事。我寫的這個只不過是其中的小小一曲。」（扉頁題辭）是的，有過類似經歷的知青多得很。何況除了知青，還有無數的各色人等也有無數悲愴感人的故事呢。可是，真實動人如「血色黃昏」的知青小說、文革小說，十二年了，我們還沒有見到過一部。為什麼？當然有各種各樣的原因。但是最重要的是我們太聰明、太不夠膽、太容易健忘，也太容易寬恕。沒有老鬼那種近乎野蠻的勇氣，那種近乎瘋狂的報仇雪恥之心。老鬼說：「寫，寫！把我的愛、我的恨、我的恥辱全寫進去。我要讓世人知道。」（五八六頁）「我要把這一切都寫出來。不能咬他們一口，也要使他們名聲臭一臭。」（五三二頁）「即使我沒有什麼嚴謹的理論見解，缺少深刻的哲理，不懂現代美學，寫出來的東西粗糙無味，但是如果它能反映出這龐大社會的一角，反映出波瀾壯闊的上山下鄉運動的一個小小側面，那就沒白費力氣。」（同上）嗚呼，如果有一百個老鬼從各個角落冒出來，該多麼好！如果有一百本「血色黃昏」這樣的小說，該多麼痛快！

　　「血色黃昏」寫的是內蒙知青的故事，可是沒有去過內蒙的人，不是知青的人，讀來同樣親切、同樣震動。因為發生在內蒙的事實際上也發生在大陸各地，只是故事細節和表演角色不同而已。從這個意義上來說，描寫「一角」的「血色黃昏」正是那個「龐大社會」的縮影，從這「小小一曲」裡我們分明聽到了那曾經呼嘯於整個中國大陸的狂暴慘烈的樂章。

　　從「血色黃昏」中描寫的故事，我們可以清楚地看到人為製造的階級鬥爭，如何造成人與人之間的猜疑、仇恨、背信棄義、善惡顛倒、美醜反置；瘋狂盲目的群眾運動，如何導致天真浪漫的青年們的無意義的犧牲、死亡、頹喪、消沉，他們美麗的幻想、狂熱的勞作，最後被證明為負向的努力，只是把有價值的草原變成無價值的荒地。從這一個角度來讀「血色黃昏」，你竟不妨把他當成一部象徵小說，因為它擊中了中共歷次運動的根本弊病。內蒙知青所經歷的種種就是整個中共革命史的縮微膠卷（microfilm）。

　　「血色黃昏」不是沒有缺點，即使在我大力讚揚的真實這一點上它也是有局限的。例如它也小心地不去碰毛澤東這個 taboo，而只是叫喊：「祖國啊，祖國，您在妖婦的裙袍下顫抖！」（六〇五頁）但是讓我們原諒老鬼吧，他畢竟還得在那塊「祖國」土地上活下去。

　　「血色黃昏」值得每一個關心中國和中國文學的人認真一讀。我認認為它是一九四九年以來中國大陸文學中最佳的一部真正寫實主義的力作，第一部真正寫真實的作品。它帶有一種里程碑式的意義，它的產生和出版，標誌著中國大陸人民，尤其是青

年一代的新覺醒，也標誌著中國大陸文學的新突破。

　　「血色黃昏」的語言藝術也非常值得稱道，直悍雄強，與它的主題配合得恰到好處。限於篇幅，藝術方面的詳細評析只好俟諸異日了。

論《馬橋詞典》的特色及其在
大陸當代文學中的地位

　　韓少功的《馬橋詞典》作為一部長篇小說，無論就其內涵的深刻豐富、手法的創新獨特，語言的生動潑辣，哪方面都可說是大陸九十年代文壇一個最令人驚喜的收穫。它不僅是二十世紀中國小說的壓卷大作，也是二十世紀中國文學中堪稱大手筆的少數幾部作品之一。《馬橋詞典》將毫無疑問地成為中國新文學的經典，且極有希望進入世界文學的經典之林。筆者很樂意從各方面表達對《馬橋詞典》的激賞，論述此書多方面的成就，但本文暫時只能初步地作一個提綱式的簡評，探討它的若干特色，並略論它的出現在大陸當代文學發展中的意義，至於較細緻較系統的批評，則俟諸異日。

一、

　　《馬橋詞典》當然不是一般意義上的辭典，作者的重點不在為每一個辭條釋義，作者的重點是在呈現繫於這些辭條後面的馬橋的文化與風俗，馬橋的過去與現在，馬橋的人與事。我們相信，或者作者讓我們相信，這裡面大部分是實錄 —— 連敘事者「我」

也是韓少功自己，這從「壓字」條魁元稱呼我為「少功叔」[1]可知。
但我們不會忘記，即使是實錄，這也是經過加工、裁剪、修飾後
的實錄，絕非原始性的實錄。何況，這裡面顯然有很多虛構與想
像，敘事者也並不避諱這一點，比如「楓鬼」一條中說：

> 在我的想像裡，馬橋不應該沒有一棵大樹，我必須讓一棵
> 樹，不，兩棵樹吧 —— 讓兩棵大楓樹在我的稿紙上生長，
> 並立在馬橋下村羅伯家的後坡上。我想像這兩棵樹大的高
> 過七八丈，小的也有五六丈，凡是到馬橋來的人，都遠遠
> 看見它們的樹冠，被他們的樹尖撐開了視野。[2]

在「隔鍋兄弟」一條中敘事者說：

> 我想像在本義和鹽午死了之後，馬鳴將在他們的墳前一一
> 哭拜，眼淚鼻涕暢流，讓人們覺得有些驚奇。我想像將來
> 可能有另一個爛桿子傳出話來，說馬鳴曾經說過，他與本
> 義和鹽午其實是血親，都是多年前希大桿子（參見詞條「鄉
> 氣」）留下的種 —— 用馬橋的話來說，叫做隔鍋兄弟。[3]

《馬橋詞典》中有些人事幾乎可以，或本來就應該當作寓言來讀。
「神仙府」豈非一個寓言？「馬鳴」豈非一個寓言？在「管天管
地」、連「褲襠」都要「管」[4]的中共治下，能容許世外桃源式的，
且可以說是「反動」的「神仙府」存在？能容許像馬鳴這種「與
馬橋的法律、道德以及各種政治變化都沒有任何關係的人」[5]存

---

1 韓少功：：《馬橋詞典》（北京：作家出版社，1996），頁330。
2 同上，頁69。
3 同上，頁387。
4 參看《馬橋詞典》「津巴佬」一條，同上，頁311。
5 同上，頁37。

在？馬鳴做的對聯「看國旗五心不定，扭秧歌進退兩難」[6]是不是更像作者對大陸社會與歷史的一個簡要概括？《馬橋詞典》中讀來最像一個寓言的也許莫過於「希大桿子」其人其事了。作者含糊其詞地讓兼具啓蒙者與騙子雙重身份的希大桿子[7]生了三個兒子：馬鳴、本義和鹽午。本義是馬橋的「黨支部書記」，是共產黨在馬橋的化身；鹽午是馬橋最聰明的人，也是鄧小平實行改革放，「讓一部份人先富起來」的政策後，馬橋最先富起來，最有錢的人，但原先卻是被壓在底層的反動派「漢奸」之子；馬鳴則從頭至尾是一個冷眼旁觀馬橋社會各種變化的自由主義者，「神仙府」、「四大金剛」中的另一個金剛，外號「三耳朵」的馬興禮（他後來搶去了書記本義的老婆鐵香）也曾經「懷疑自己是希大桿子的種」[8]。作者的這種安排讀起來是不是像一個政治的隱喻？中國現代社會的紛紛擾擾鬥爭不已的各派政治勢力，最早都來源於受西方現代化刺激催化的啓蒙運動 —— 這過程中自然也少不了掠奪與欺騙，這是不是作者模模糊糊想要表達的意思？

這樣看來，《馬橋詞典》竟不妨整個兒地看做一個寓言。

馬橋就是中國。

二、

四十年代，蕭紅爲呼蘭河做了一部「傳」，乍看甚新奇，不

---

6 同上，頁 39。

7 希大桿子是外地人，讀過「新學」，懂醫藥，會接生，給馬橋帶來「洋藥洋布洋火」之類的新事物、新知識，但同時又騙取馬橋人的財物、婦女，還假稱自己的爹是孫子。參看「鄉氣」一條，頁 21-26。

8 同上，頁 226。

為人作傳而為地方作傳，地方如何作傳？但看下去就知道，《呼蘭
河傳》也就是「呼蘭河的故事」，就不大奇了，何況古人也作過《水
滸傳》。

韓少功為馬橋編了一部詞典，也是在「詞典」的名義下寫「馬
橋的故事」，但比起《呼蘭河傳》來，它有更多的新奇處。這新奇
表現在它為中國小說增加了一種新的組織法、結構法，或說增加
了一種新的文體，這就是「詞典體小說」[9]。

其實，更本質一點，應該說，《馬橋詞典》表現了一種新的
感受與回應客觀世界的方式，也是一種新的總結與組織主觀經驗
的方式。

韓少功自己在《馬橋詞典》「楓鬼」條中對傳統小說的「主
線霸權」的批判很可注意，他說：

> 我寫了十多年的小說，但越來越不愛讀小說，不愛編寫小
> 說——當然是指那種情節性很強的傳統性小說。那種小說
> 裡，主導性人物，主導性情節，主導性情緒，一手遮天的
> 獨霸了作品和讀者的視野，讓人們無法旁顧。即便有一些
> 偶作的閒筆，也只不過是對主線的零星點綴，是主線專制
> 下的一點點君恩。必須承認，這種小說充當了接近真實的
> 一個視角，沒有什麼不可以。但只要稍微想一想，在更多

---

9 有人說，捷克作家米蘭·昆德拉和塞爾維亞作家帕維奇作品《哈札爾辭典》
裡己經使用過「詞條展開的敘事形式」，並指責韓少功「抄襲」，但昆德拉和
帕維奇並沒有真正把小說寫成詞典，韓少功確實做到了。參看陳思和主編，
《中國當代文學史教程》，上海，1999，頁 228，註 6。又《哈哈札爾辭典》
有南山、戴驄、石枕川的中譯本，1998 年 12 月上海譯文出版社出版，可以
參看。

的時候，實際生活不是這樣，不符合這種主線因果導控的
模式。一個人常常處在兩個、三個、四個乃至更多更多的
因果線索交叉之中，每一線因果之外，還有大量其他的物
事和物相呈現，成為了我們生活中不可缺少的一部份。在
這樣萬端紛紜的因果網絡裡，小說的主線霸權（人物的、
情節的、情緒的）有什麼合法性呢？[10]

他決心打破這種傳統的成規（或說「霸權」），他宣稱：

我的記憶和想像，不是專門為傳統準備的。[11]

顯然，韓少功採取編詞典的方式來寫小說，是一種自覺的努力。
他認為這種方式比起傳統小說「主線因果導控的模式」更接近客
觀世界多線因果脈絡的真相，也更接近他自己主觀經驗的世界
──「記憶與想像」的真相。

　　我非常同意韓少功的看法。的確，當我一本一本的閱讀結構
大體相同的傳統小說 ── 尤其是長篇小說時，我心中總是一次又
一次地興起這樣的疑問：世界真是這樣的井然有序？生活真是這
樣的因果瞭然？我們的思維 ── 記憶與想像真是這樣的按部就
班、循規蹈矩？顯然並不是。那麼，小說只能這樣寫嗎？我們必
須把漫山遍野的羊群趕入敘事文本的軌道 ── 那些不肯就範的羊
就毫不留情地犧牲掉，這樣我們審美的眼睛才可以辨識嗎？

　　我們不得不承認，沒有一種敘事方式可以複製人們的主觀經
驗，任何的敘事方式都只能模擬它們，充當我們關照它們的視角。
但是，我們應當可以不斷改善和調整這個視角，我們至少不應當

10　《馬橋詞典》，頁 68。
11　同上，頁 69。

認為，傳統的敘事方式就是唯一的、已經盡善盡美的方式。事實上，小說的敘事方式是在不斷調整，不斷改善之中的。二十世紀初吳爾芙把「意識流」引進小說的敘事，就是一次重大的調整與改善。

文學史將證明，《馬橋詞典》的成功，對小說敘事方式 —— 也就是人們觀照客觀世界及組織主觀經驗的方式，也是一次重要的調整與改善。

三、

迄今為止，還沒有一本小說像《馬橋詞典》這樣對語言本身傾注了這麼多的熱情，給予了這麼多的關注。在《馬橋詞典》裡，語言不只是用來敘述、描寫、分析、呈現他物的工具，語言本身也同時是敘述、描寫、分析、呈現的對象。甚至 —— 至少表面上，《馬橋詞典》還把對象語言置於工具語言之上，即是說《馬橋詞典》是在展現語言之過程中展現他物的。關於這一點，陳思和主編的《中國當代文學史教程》中有幾句話說得簡明而中肯：「在以往小說家那裡，語言作為一種工具被用來表達小說的世界，而在《馬橋詞典》裡，語言成了小說展示的對象，小說世界被包含在語言的展示中，也就是說，馬橋活在馬橋話裡。」[12]最後一句尤為精采。

一切文本都是過去式的，一切過去的也都只活在文本裡。從這個意義上來說，語言不僅是人的精神家園，語言也就是世界

---

12 同註 8，頁 373。

──每分每秒都在成為過去的世界。從語言去探索世界,從語言與世界的關係去認識世界,顯然不只是語言學或人類文化學的內容,也可以是小說的內容。作者在〈編撰者序〉中說:

> 語言是人的語言,語言學是人學。迄今為止的語言學各種成果,提供了人類認識世界和人生的各種有效工具,推進了人們的文化自覺。但認識還沒有完結。語言與事實的複雜關係,語言與生命的複雜關係,一次次成為重新困惑人們的時代難題。在這本書裡,作者力圖把目光投向詞語後面的人,清理一些詞在實際生活中的地位和性能,更願意強調語言與事實存在的密切關係,感受語言中的生命內蘊。[13]

這當然不只是編「詞典」的門面話,而是作者在闡述自己對語言與世界的關係的認識,說明何以用「詞典」的方式來寫這本小說的深層理由。

關於語言(包括言語 parole 和言說 discourse)與世界(事實、社會、人生……)的複雜關係,或如韓少功所說的「語言與事實的複雜關係,語言與生命的複雜關係」,在《馬橋詞典》中有許多精彩的展示。例如在「甜」、「同鍋」、「小哥」、「夢婆」、「嬲」、「公家」、「顏茶」、「夷邊」、「鄉氣」等條目中,我們看到語言與文化心態之間的密切關係:在「科學」、「神仙府(以及爛桿子)」、「醒」、「覺」、「下」、「公田(母地)」、「懶(男人的用法)」、「貴生」、「賤」等條目中,我們看到語言與價值判斷之間的複雜關係:在「話份」、

13　《馬橋詞典》,頁 1。

「格」、「煞」、「漢奸」、「台灣」等條目中,我們看到語言與社會地位及權力運作之間的微妙關係:在「馬疤子(以及 1984 年)」、「暈街」、「渠」、「冤頭」、「甜」、「嘴煞」、「打玄講」、「梔子花、茉莉花」、「虧元」、「歸元」等條目中,我們看到語言與它所要表達的意義,語言與它所要指向的事實之間存在著多麼緊張、多麼詭譎的關係,有時兩可,有時悖論,有時不是事實派生語言,而是語言反過頭來再生事實……。

關於語言的本質與作用,語言與人的心理思維的關係,語言與客觀存在的關係,語言與社會、意識型態、權力運作的關係,語言與意義、價值、道德的關係等等,是現代西方人文科學(尤其是語言學、哲學與人類學)相當關注的熱門話題。韓少功在《馬橋詞典》中對這些問題的探討表明他對歐美現代人文理論相當熟悉,他的許多精采議論可以印證這些理論中的部分觀點。更精采的則是他用馬橋的方言與人事賦予這些抽象觀點以活生生的血肉。「詞典」的外在形式使這些本不見容於一般小說的議論闡述在《馬橋詞典》中獲得了合理合法的地位,而活生生的馬橋人事又鮮明地標示出《馬橋詞典》與學術著作的區別。

韓少功了不起的地方是他把這兩者結合得如此美妙,讓它們相互映發、相得益彰。無論是議論部份或故事部分,我們讀起來都興味盎然,時有會心,前者使我們有智慧的啓迪、理性的驚喜,後者使我們有感性的悸動、審美的愉悅。

四、

韓少功在《馬橋詞典》〈編撰者序〉中說:

　　　　從某種意義上來說，較之語言，筆者更重視言語，較之概
　　　　括義，筆者更重視具體義。[14]

「語言」（langue）與「言語」（parole）的二分，是索緒爾語言學
理論的一個重要組成部分，對現代語言學、文化學、哲學以及文
學批評都有很大的影響，但韓少功在這裡談的其實不太準確。「語
言」是公眾的、共同的，「言語」是私人的、具體的，《馬橋詞典》
裡呈現的是馬橋人的語言，並非某些個人性的用語。陳思和主編
的《中國當代文學史教程》則以「公眾語言」和「民間詞語」的
二分來挑明韓少功的意圖：

　　　　韓少功把描述語言和描述對象統一起來，通過開掘長期被公
　　　　眾語言所遮蔽的民間詞語，來展示同樣被遮蔽的民間生活。[15]

這樣的提法比較明白，但也還是不太準確。不能說馬橋的方言（或
說「民間語言」）就不是公眾語言，它只不過是通行在一個小範圍
的「公眾」之中罷了。如果把「公眾語言」換成「官方語言」或
「主流話語」，或「正統論述」，也許較爲確切一些。

　　　但陳書「遮蔽」說卻是一語中的，《馬橋詞典》從某種意義
上來說，就是一部通過揭示語言遮蔽來暴露事實遮蔽的小說。

　　　「語言遮蔽」是當代西方文哲理論中常見的一個重要概念。
對「語言遮蔽」的現象，韓少功深有體會也深有戒心，他在〈多
嘴多舌的沉默〉一文中談到語言的作用與侷限時說：

　　　　語言同時體現著人類認識的成就和無能，語言使人們的真
　　　　知與誤解形影相隨。如果說語言只是謊言的別稱，這也是

────────────

14　同上。
15　同註 8，頁 373。

至少說對了一半的苛刻。但我們還是需要言說，包括禪宗，除了棒喝踢斬之類的公案，他們不比別人說得更少。包括量子論大師 w・海森堡，他深深苦惱於「我們無法用一般的語言來談論原子的結構」，但他還得滔滔不絕說下去，用邏輯的語言來表達非邏輯，用確定的語言來表達非確定。他們為突破人類心智的大限之一 —— 語言遮蔽 —— 而進行殊死的搏殺。於是，一種新的語言觀出現了，一種非語言的語言正日益呈現出文化活力。言語者對自己所言時時保持著一種批判性的距離，對語言的信用指數時時懷有深深的警惕 —— 當他抨擊貪欲的時候，他知道貪欲差不多就是推進人類文明的動力，不僅是物質財富神奇湧現的基本條件，而且是激發、孕育、鍛造、標測善良的基本條件。或是對意指方式的警惕 —— 他表現孤獨的時候，他知道孤獨一經表現，就已經悄悄變質為炫示、嘩眾、自我賞悅，甚至是一種不甘心孤獨而渴求公眾目光的急迫展銷。語言表象所遮蔽的真實縱深，總是被不斷揭發出來，令言說者大吃一驚。[16]

《馬橋詞典》所收一百一十五個詞條絕大部分都是馬橋（或比馬橋較寬一點的地方）人所使用的方言、俚語、特殊用語或綽號，不僅大部分不用於書面文字，甚至也不用於公眾場合較正式的口頭言說 —— 例如幹部作報告之類。換句話說，他們幾乎全是被排斥、被遮蔽於官方語言、主流語言之外、之下的民間語言。閱讀

---

16 韓少功，《完美的假定》（北京：作家出版社，1996.10），頁 36-37。

《馬橋詞典》，讓我們意識到（對許多人而言，這是首次意識到）它們原來是一個如此豐富的存在。而尤其令我們「大吃一驚」的是，由於它們的被遮蔽而遮蔽的「真實」竟有如此令人震撼的「縱深」！

例如中共官方語言中的「社會主義新農村」、「共產主義是天堂，人民公社架橋樑」、「新社會人民當家做主」之類的論述在馬橋人的「貴生」、「老表」、「漢奸」、「怪器」、「萵瑋」等語中暴露出多麼可怖的「真實」！關於「貧下中農的先進思想」、、「共產黨員的模範作用」等等論述，我們在「你老人家（以及其他）」、「打玄講」、「模範（晴天的用法）」、「話份」、「覺覺佬」等馬橋俚語中又看到了多麼滑稽的「真實」！

一九四九年以後中共治下的大陸農村社會到底是個什麼樣子？人民如何生活？農民中有什麼樣的等級和差異？中共政治以什麼方式滲透到農村社會裡？滲透到什麼程度？民間流行什麼觀念？其中哪些是新的？哪些是舊的？哪些是半新半舊的？農民如何看待共產黨、毛澤東？如何看待天地、鬼神、祖宗、命運、生死禍福？如何看待男女、性？……這些問題，我們在中共的官方語言，大陸社會的主流話語中，要麼找不到，要麼看到一幅塗上了濃厚意識型態的油彩的、道貌岸然而又嚴重扭曲的圖像。毛澤東時代的有關農村的文學作品，如《太陽照在桑乾河上》、《暴風驟雨》、《山鄉巨變》、《三里灣》、《創業史》、《紅旗譜》、《艷陽天》、《金光大道》，基本上都是按照中共的革命大論述的套套來寫的，真正的民間生活、民間狀況被革命的權威話語「遮蔽」得不見蹤影，作家偶不小心而洩漏一點，便成了文革中被批判的對象。鄧

小平時代開始以後，情況陸續改變，經過「傷痕」、「知青」、「尋根」、「新寫實」，一波波思潮的洗刷，大陸農村生活的面目逐漸洗去意識型態的油彩，揭開主流話語的遮蔽，在文學作品中慢慢地、一點一點地露出它的真相來。但這是一個緩慢艱辛的漸進過程，從高曉聲到賈平凹到劉恆、李銳、我們大致可以看出這個過程的輪廓。但至今沒有一部作品（包括陳忠實的《白鹿原》）像《馬橋詞典》這樣全面、深入，毫不做作又極其生動地揭開正統話語的遮蔽，為我們呈現出大陸農村生活的真實面目。

五、

從這一層意義上來說，我認為《馬橋詞典》的出版是大陸當代文學（我指的是大陸文革以後的文學）發展中一個具有標示意義的事件。《馬橋詞典》的出版標示一個階段的結束和另一個階段的開始。

大陸文革以後文學發展的基本軌跡是從批判現實主義（政治反思與文化反思），中間經過一段曇花一現、苗而不秀的仿西方的現代主義（先鋒文學），到一種新的不受特定意識型態規範的寫實主義（新寫實）逐漸成熟，其間一以貫之的主線是反叛精神 ── 反叛中共（主要是毛澤東）強加給文學的桎梏，反叛文學自身先前因屈服於毛澤東文藝政策而產生的工具性異化，逐步尋回文學的自我，由異化回歸本體[17]。我在《大陸新寫實小說》一書的代導

---

17 參看拙作，《大陸新時期前十年的三股主要文學思潮》（唐翼明：《大陸新時期文學（1997-1989）：理論與批評》，台北：東大，1995，附錄一）、〈從反叛異化到回歸本體〉（唐翼明：《大陸新寫實小說》，台北：東大，1996。〈代導論〉部分）、〈我看大陸當代先鋒小說〉（台北《國文天地》1997年4月號）。

論〈從反叛異化到回歸本體 —— 論大陸文學從『新時期』到『後新時期』的演變〉一文中的結論部分說：

> 「新寫實」的真正要害是拒絕接受中共文藝理論的指導，排斥中共「革命現實主義」的幾乎所有的規範，更拒絕作中共的代言人，拒絕宣揚共產黨的意識型態。……
>
> 大陸新時期的文學經政治反思、文化尋根及仿西方的現代主義三階段的反叛，至此結出了一個勝利的碩果。……
>
> 大陸新時期文學對異化的反叛經由新寫實小說推至頂點，得到勝利的結局，文學由政治的附屬與工具復歸於本體，文學終於尋回了自我。從這個意義上講，大陸後新時期的文學乃有可能成為「純文學」。[18]

現在看來，《馬橋詞典》可說是勝利碩果的代表，《馬橋詞典》標誌真正與中共革命現實主義完全不同的一種新的寫實主義的成熟，這裡有一種新的立場、新的視角、新的敘事風格。它既沒有感傷主義（如某些傷痕或知青文學所具有的），也沒有民粹主義（如某些尋根文學所具有的），也沒有知識分子的菁英主義（如某些先鋒文學所具有的），甚至也無所謂憤怒和反叛。或者這樣來說吧：它涵匯這一切的因素，而又超越了這一切。

　　我現在還找不到一個適當的名詞或術語來描述這個特色，陳思和稱之為「民間理想主義」，說是「以民間文化型態作掩護，開拓出另外一個話語空間來寄存知識分子的理想和良知[19]」，說得雖

---

18 唐翼明：《大陸新寫實小說》，台北：東大，1996 年，頁 24-26。
19 參看陳思和主編，《中國當代文學史教程》前言及二十二章，頁 13-14，頁 372。

好，也還未能盡愜我心。

　　我只是覺得，隨著《馬橋詞典》為代表的一批優秀小說的出現[20]，「新時期」、「後新時期」這些多少與政治、意識型態有相當關聯的術語可以不再理會了，大陸的「純文學」時代應當來臨了。沒有權威，沒有主義，沒有禁忌[21]，沒有對不對，只有好不好，只有文學與非文學，美的作品與不美的作品，這樣的文壇前景在大陸應該是可以憧憬了吧。

2000 年 7 月，紐約

---

20 我們至少還可以舉出張煒的《九月寓言》和李銳的《舊址》。
21 這一點暫時當然還做不到，聽說北京當局最近又禁了衛慧的《上海寶貝》。

沒有主義的高行健

一、

　　這個世界已經被「主義」（-ism）折騰了至少兩百年了，先是西方，後是東方，舉凡政治、經濟、哲學、文學，藝術，概莫能外。不可否認，先後流行的種種主義確曾推動過社會、歷史、文化向前走，使得這世界充滿朝氣、很熱鬧，也造就了很多領袖、英雄和名士。但同樣不可否認的是，這林林總總的各種主義在推動社會、歷史、文化向前走的同時，也扭曲了這社會、這歷史、這文化；在使得這世界充滿朝氣的同時，也充滿了戾氣，平添了許多當時看來似乎很神聖、很偉大，很莊嚴而事後往往被時間證明為殘忍、荒唐、徒然，甚至滑稽的戰爭、革命與造反，熱鬧裡充滿了血腥與哀嚎；在造就很多領袖、英雄、名士的同時，也造成了無數的冤魂厲鬼，孤兒寡婦。而最為有害的或許是：這種種主義總是意味著集體的偏執，集團的瘋狂，集結的暴力，以神聖的名義對異己的摧殘，以群體的名義對個人的踐踏。

　　經過這兩三百年的折騰，人類是該對「主義」有所檢討、有所醒悟了。今天，雖然還是有不少人迷戀於形形色色的旗號遊戲，例如以「後」（post-）字命名的諸多主義即是，但是像從前那樣以莊嚴神聖的態度對之者，似乎是越來越少了。越來越多的有識

之士紛紛表示對「主義」之懷疑與憎厭，高行健是我所讀到的持此種態度最徹底的一個。

高行健多次在自己的創作與論文中宣稱：「這是一個沒有主義的時代。」（參看：《沒有主義》，香港，天地圖書公司，頁二四、頁九六、頁一二一；《靈山》，台北，聯經，頁五〇四；《一個人的聖經》，台北，聯經，頁二一七）他自己更是明確拒絕一切「主義」，他當然有自己的政治觀點，有自己的人生觀、世界觀，作爲作家，他也有自己的文學觀，但他反對別人給他貼上任何固定的「主義」標籤。他不止一次地公開聲明：我「沒有主義」。一九九三年十二月他在台北「四十年來中國文學會議」上的發言即以〈沒有主義〉爲題，一九九六年在香港出版的一本論文集亦以此爲書名。

「沒有主義」可說是高行健人生觀、世界觀、政治觀、文學藝術觀的總特色、總主張。如果一個人的主張也可以叫做「主義」的話 —— 當它被許多人追隨又不幸成爲一時之時髦時，確乎有這可能 —— 則我們也不妨說，「沒有主義」即高行健的主義。

二、

當然，說「沒有主義」也就是高行健的主義，這話到底是不妥當的，首先就不會被高行健自己認可。高行健在《沒有主義》一書的自序中說：

> ……沒有主義有可能理解爲也是一種主義，譬如虛無主義，似乎不妥。
>
> 沒有主義把沒有作爲前提，而不是把虛無作爲前提，也即沒有前提，自然也就沒有結論，甚麼主義也沒有。（頁一）

高行健討厭一切「主義」，有強烈的政治意味或意識形態意味的主義，例如共產主義、法西斯主義、馬克思主義、民族主義等等，故不必說，就是某種思想主張，一旦稱之為「主義」，他就要與之劃清界限了。所以他在《沒有主義》的自序中接下去就聲明「沒有主義，不妄圖建立什麼學說，……不導致什麼結論」，「不是經驗主義」，「也非個人主義」，「又非相對主義」，「不是虛無主義，也非折衷主義，也非唯我主義，也非專斷主義」，「沒有主義充其量不過是一番無結果的言說。」（《沒有主義》自序，頁一～三）

為什麼高行健如此厭惡「主義」呢？

因為凡稱之為「主義」者，大抵都免不了幾種基本特色：第一，「主義」是集團的主張而非個人的主張，這集團的主張且不可避免地要壓制個人的主張；第二，「主義」往往有某種體系性，而不能容許隨興、流動與例外；第三，「主義」大多是自以為是的，自我膨脹而且排他的，所以也往往跟「鬥爭」、「消滅」等等連在一起；第四，「主義」常常是少數領袖、精英們建立起來的，而大多數「主義」的信徒往往是太信靠精英人物的論證而不敢相信自己經驗的盲從者。

所有這些，對於極為強調個人自由，尤其是精神自由的作家高行健，自然是完全不能接受的；而對於親身經歷過共產黨和毛澤東無孔不入的專制獨裁統治，特別是親身經歷過文革惡夢的個人高行健來說，則更是十分令他反感的。難怪他很有感慨地說：

> 個人能對權力、對習俗、對迷信、對現實、對他人和他人的思想、對物說不，大抵是做人的最後一點意義，如果這生存多少還有點意義的話，這便是沒有主義。（同前書，頁五）

沒有主義，是現今個人自由的最低條件，倘連這點自由也
沒有，這人還能做人嗎？要談這樣或那樣的主義，之前，
先得允許人沒有主義。（同前書，頁四）

三、

　　高行健對「主義」的厭惡，乃至於對一切政治的厭惡（他說
他「由衷厭惡政治」，〈論文學寫作〉，同前書，頁五二），顯然來
源於在大陸被共產黨、毛澤東壓迫的經驗，尤其是文革經驗。不
明白這一點，就讀不懂高行健，讀不僅他作品的感慨與憤激。

　　但光是明白這一點，也還沒有讀懂高行健。高行健的可貴，
在於他不停留在對極權的政治與意識形態的批判上，他多次表示
過對索忍尼辛的惋惜，因為他花太多的精力去批判舊蘇聯政權。
高行健從厭惡極權政治出發，導出對所有「主義」的拒絕 —— 包
括對一般人都不願反對或不敢反對的愛國主義與民族主義，進而
高揚個人權利、個體自由，尤其是精神上的尊嚴與自由。他說：

一切不保障個人權利的集團意志，都是騙人的。（同前書，
頁六八）

我甚麼派都不是，不隸屬於任何主義，也包括民族主義和
愛國主義。（〈沒有主義〉，同前書，頁九）

破除國家的現代神話我以為是當今中國知識分子的責
任。……國家極權無論以民族還是以人民的名義干預和剝
奪個人自由思想的權利自然是對人權的侵犯。中國知識分
子近一個世紀來，不乏為國為民乃至為黨請命而不惜犧牲
性命的英雄，但是公然宣稱為個人自由思想和著述的權利

而冒天下之大不韙的可說無幾。(〈個人的聲音〉，同前書，頁九)
我祇有懷疑，乃至對一切價值觀念普遍懷疑，唯獨不懷疑
生命，因為我自己就是個活生生的存在。生命具有超乎倫
理的意義，我如果還有點價值的話，也只在於這一存在，
我難以容忍精神上自殺或他殺，在那自然的死亡到來之
前。(〈沒有主義〉，同前書，頁十七)

正因為堅持個人的尊嚴與精神自由，而「自由的一個必要前提是
在實現個人自由的同時也尊重他人的自由」(〈個人的聲音〉，同前
書，頁九五)，所以高行健不僅對集體意志壓迫個人的「主義」深
致厭惡，也對個人意志無限膨脹而造成他人意志剝奪的一切所謂
「領袖」、「超人」深為反感，不論東方的毛澤東，或西方的尼采，
都是高行健時常撻伐的對象。《一個人的聖經》第五十三節中「他」
對毛的屍體說的一段話最能代表高行健對「脆弱的個人」之尊嚴
的信仰與堅持：

他只是想同脫下統帥的軍裝，除去領袖面具的這位老人家
說：您作為一個人活得夠充分了，而且不能不說極有個性，
可說真是個超人，您主宰中國成功了，幽靈至今仍然籠罩
十多億中國人，影響之大甚至遍及世界，這也不必否認。
您可以隨意扼殺人，這就是他要說的，但不可以要一個人
非說您的話不可，這就是他想要告訴毛的。

他還想說，歷史可以淡忘，而他當時不得不說毛規定的話，
因此，他對毛的這種個人的憎惡卻無法消除。之後，他對
自己說，只要毛還作為領袖、帝王、上帝供奉的時候，那
國家他再也不會回去。他逐漸明確的是：一個人的內心是

不可以由另一個人征服的，除非這人自己認可。

他最後要說的是，可以扼殺一個人，但一個人哪怕再脆弱，可人的尊嚴不可以扼殺，人所以為人，就有這麼點自尊不可以泯滅。人儘管活得像條蟲，但是否知道蟲也有蟲的尊嚴，蟲在踩死、捻死之前裝死、掙扎、逃竄以求自救，而蟲之為蟲的尊嚴卻踩不死。殺人如草芥，可曾見過草芥在刀下求饒的？人不如草芥，可他要證明的是人除了性命還有尊嚴。如果無法維護做人的這點尊嚴，要不被殺又不自殺，倘若還不肯死掉，便只有逃亡。尊嚴是對於存在的意識，這便是脆弱的個人力量所在，要存在的意識泯滅了，這存在也形同死亡。（《一個人的聖經》，頁四〇三～四〇四）

對個人尊嚴與精神自由的信仰與追求，我以為是高行健思想的核心，也是高行健所有作品的靈魂。「沒有主義」正是此一信仰與追求的另一種表述。

四、

作為文學家、藝術家的高行健，不僅信仰上是沒有主義的，在藝術上也是沒有主義的。或者說，他的「沒有主義」，不僅表現在人生觀、政治觀上，也表現在文學觀、藝術觀上。

這又可以分兩個方面來說。第一方面是他認為文學創作（包括藝術創作）就其本性而言只是個人的行為，只是個人對世界發言，而不是任何集團的代言人，不為任何集團所利用（包括公眾、市場），應該也可以超越意識形態，所以同「主義」沒有關係。他說：

我以為借用集體的名義來說話總有點可疑。（〈個人的聲音〉，
《沒有主義》，頁八八）

作家只有作為獨立不移的個人，不隸屬於某種政見集團和
運動，才能贏得徹底的自由。（〈我主張一種冷的文學〉，同前書，
頁二○）

自我表述，自我滿足，藝術家只能以此來確認個人的存在，
對社會挑戰，並非為藝術而藝術，這種反抗也注定是個人
的，無需弄成時代的聲音，或人民的喉舌。（〈論文學寫作〉，
同前書，頁七○）

文學一旦弄成國家的頌歌、民族的旗幟、政黨的喉舌，或
階級與集團的代言，儘管可以動用傳播手段，聲勢浩大，
鋪天蓋地而來，可這樣的文學也就喪失本性，不成其為文
學，而變成權力和利益的代用品。（〈文學的理由〉，民國八十九
年十二月八日，《聯合報》）

文學之超越意識形態，超越國界，也超越民族意識，如同
個人的存在原本超越這樣或那樣的主義，人的生存狀態總
也大於對生存的論說與思辨。文學是對人的生存困境的普
遍關照，沒有禁忌。（同前）

第二方面是在藝術流派方面，高行健也拒絕隸屬於任何「主義」，
不願意給自己貼上任何流派的標籤。他認為只要對創作實踐有
益，則任何方法都可以用，用不著侷限於哪一家，無論是浪漫主
義、現實主義、現代主義。他說：

時髦與主義，同強加在作家身上的政治壓力一樣，都是文
學創作的障礙。後者是他人外加的，前者則來自作家自己。

我不認可什麼主義，雖然有的研究是出於做學問的角度，時而把我納入先鋒派，時而又成了尋根派，現代主義，存在主義，後現代主義，以及歸於荒誕，其實我的東西有時又非常現實，只不過不成其為主義。……作家寫自己的作品就是了，為什麼偏要給自己貼個標籤？文學史家為了便於歸類，情有可原。可一個作家倘也照某種主義的規範去寫作，這作品多半要遭殃。（〈中國流亡文學的困境〉，《沒有主義》，頁一一一）

五、

儘管高行健總不忘記自己只是「一個脆弱的個人」（他在接受諾貝爾文學獎時發表的演說〈文學的理由〉最後一段也說「讓一個脆弱的個人面對世界發出這一番通常未必能在公眾傳媒上聽到的微弱而不中聽的聲音」，〈文學的理由〉，民國八十九年十二月八日，《聯合報》），但他在精神上的確是一個了不起的強者與勇者，「沒有主義」是本世紀末最了不起的聲音之一。

沒有主義不是沒有原則，這原則大體上可以歸納為：

第一、生存大於對生存的論辨。

第二、個體平等，尊嚴至上，任何個人不應屈從他人，也不應屈從群體，除非自願。

第三、精神自由，沒有禁忌，不可剝奪，也不能替代。

雖然聲稱「沒有主義」，但高行健看來對以上原則卻是非常執著，始終如一地恪守的。

2001 年 1 月，台北

逃亡即抗爭 —— 解讀高行健

　　高行健自己說《一個人的聖經》是一本「逃亡書」[1]，《靈山》表面上是漫遊，其實也是逃亡，[2]他的一個劇本則徑以「逃亡」命名。在高行健看來，逃亡是人的宿命，「人生總也在逃亡」。[3]不妨說，「逃亡」正是高行健的人生基調，「逃亡」也是高行健全部作品的總主題、總意象，深入解讀「逃亡」是我們理解高行健的一把鑰匙。

一、

　　逃亡，最直接最表面的含義自然是指從某種政權下逃亡，尤指從極權暴政下逃亡。這個意義上的逃亡有時跟「流亡」等同，這在近代，尤其二戰以後，幾乎是一種世界現象，有些作家便被稱為「流亡作家」，他們的作品則被稱為「流亡文學」。高行健從中國逃到法國，並且定居下來，自然也是世界性流亡作家的一員。

　　逃亡，或說流亡，既然是逃離某種政權的控制，那麼，「流亡作家」所寫的「流亡文學」，就不可避免地有一種批判其所逃離

1　高行健：《一個人的聖經》，台北，聯經，1999年，P.203。
2　《靈山》的漫遊其實是高行健為了逃避對《車站》的批判，參看高行健：《沒有主義》，香港，天地圖書，1996，三版，2000，P.162-164。
3　高行健：《逃亡》，台北，聯合文學，2001，P.28。

的政權的政治態度。高行健也一樣，儘管他一再宣稱自己厭惡政治（這無疑是真誠的），但是他的作品其實充滿了政治（他從未宣稱自己的作品要避開政治，他也不認同「純文學」），他只是「不（在自己的作品中）提政治主張」，但「並非沒有政治態度」。[4]

事實上，當我們細讀高行健的作品，我們很容易發現，高行健在中共治下，尤其是在文革中被壓迫、被控制、被操縱、被玩弄的慘痛經驗，已經構成了高行健心靈與人格中的永恆陰影，那種不情願的順從，那種無可奈何的自我的喪失，使他永遠感到屈辱、羞愧、自卑，極其窩囊，總想發洩，總想報復，卻又因找不到具體的對象而有無從著力之感。

這一點在長篇小說《一個人的聖經》中有最集中、最充分的表現。這部以主人公反省自己的文革經驗為主要內容的小說，最震撼讀者之心的就是主人公心靈和人格中的這種陰影以及由此而生的痛苦與徹悟。書中那個第二節就出現，幾乎貫串全書的猶太女子馬格麗特，少年時有長達兩年之久被一個畫家誘姦／強姦，她終身不能忘記這刻骨銘心的屈辱，以至憎惡自己的身體。其實，這個猶太女子的經驗與創痛正是小說主人公 —— 在相當大的程度上也就是作者高行健自己 —— 的經驗與創痛的一個鏡象。小說第十四節中有一段話把這一點挑明了：

> 她臉轉了過去，伏在枕頭上。你看不見她的表情。可你說你倒是有過近乎被強姦的感覺，被政治權力強姦，堵在心頭，你理解她，理解她那種擺脫不了的困擾、鬱悶和壓抑，

---

4 《沒有主義》，P.3。

這並非是性遊戲。你也是，許久之後，得以自由表述之後，才充分意識到那就是一種強姦，屈服於他人意志之下，不得不做檢查，不得不說人要你說的話。[5]

對於高行健而言，「逃亡」的第一義就是從政治權力下逃亡，從精神強姦下逃亡，取得自由，尤其是取得表述的自由。

高行健的「沒有主義」就是這種逃亡與醒覺在理念形態上的總結與昇華。沒有主義並非沒有主張，沒有原則，沒有主義只是不願被別人玩弄，不願聽別人指揮，做別人要你做的事，說別人要你說的話，沒有主義只是要維護自我的尊嚴與精神上的獨立自由。沒有主義就是拒絕精神強姦。而在極權暴政下要拒絕精神強姦就只有逃亡。

除了逃亡，還有別的選擇嗎？《一個人的聖經》從頭到尾要證明的就是，對於一個脆弱的個人，一個渴望自由思想、自由表述的知識份子，在那樣的時代，面對那樣的專制強權，除逃亡之外，別無出路。順從不甘心，沉默無異於自殺，反抗呢，不過是白白送命，像一隻蟲子一樣被踩死。小說第四十四節最集中地表現了這種難堪的矛盾與走投無路的恐怖。「他」想藉寫作來排遣獨居農村小屋的難耐的孤獨與寂寞，「動筆前也已考慮周全，可以把薄薄的信紙捲起塞進門後掃帚的竹把手裡，把竹節用鐵籤子打通了，稿子積攢多了再裝進個醃鹹菜的罈子裡，放上石灰墊底，用塑料紮住口，屋裡挖個洞埋在地下，再挪上那口大水缸。」[6]儘管這樣小心翼翼設想周密，可是一開始寫作就察覺窗外有動靜，發

5　《一個人的聖經》，P.127。
6　《一個人的聖經》，P.341。

覺自己已受到監視,「迷濛的月光裡到處是陷阱,就等你一步失誤。」[7]於是「他」在心裡吶喊著這樣的怨憤與恐懼:

> 你不可以思想,不可以感受,不可以傾吐,不可以孤獨!
> 要不是辛苦幹活,就打呼嚕死睡;要不就交配下種,計劃
> 生育,養育勞力。你胡寫些什麼?忘了你生存的環境?怎
> 麼啦又想造反?當英雄還是烈士?你寫的這些足以叫你吃
> 槍子!你忘了縣革命委員會成立之時,怎樣槍斃反革命罪
> 犯的?群眾批鬥相比之下只能算小打小鬧。這一個個可是
> 五花大綁,胸前掛的牌子上,黑筆寫的姓氏和罪名,紅筆
> 在名字上打的叉,還用鐵絲緊緊勒住喉頭,眼珠暴起,也
> 是更新的紅色政權的新發明,堵死了行刑前喊怨,在陰間
> 也休想充當烈士。兩輛卡車,武裝的軍警荷槍實彈解押到
> 各公社遊鄉示眾。前面一輛吉普車開道,車頂上的廣播喇
> 叭在喊口號,弄得沿途塵土飛揚,雞飛狗跳。老太婆大姑
> 娘都來到村口路邊,小兒們紛紛跟在卡車後面跑。收屍的
> 家屬得先預交五毛錢的槍子費,你還不會有人收屍,你老
> 婆那時候早就會揭發你這敵人,你父親也在農村勞改,又
> 添了個老反革命的岳父,就憑這些斃了你也不冤枉。你還
> 無冤可喊,收住筆懸崖勒馬吧!
> 可你說你不是白痴,有個腦袋不能不思考,你不革命不當
> 英雄抑或烈士也不當反革命行不行?你不過是在這社會的
> 規定之外游思遐想。你瘋啦!瘋了的分明是你而不是倩。

---

7 同上,P.342。

看哪這人，居然要游思遐想！天大的笑話，村裡的老嫂子
小丫頭都來看呀，該吃槍子的這瘋子！

你說你追求的是文學的真實？別逗了，這人要追求什麼真
實？真實是啥子玩藝？五毛錢一顆的槍子！得了，這真實
要你玩命來寫？埋在土裡發霉的那點真實，爛沒爛掉且不
去管它，你就先完蛋去吧！[8]

正是這樣刻骨銘心的恐懼讓「他」（也是高行健）選擇了逃亡，因
為「他」明白自己「不是龍，不是蟲」[9]，既不願踩人，也不願平
白無故被人踩死，而且對於自己獨特存在的這「不是」，還想作一
番「發洩」，作一番「言說」，作一番「表述」，那麼，除了逃到一
個既不把你當龍，也不把你當蟲，可以自由發洩，自由言說，自
由表述的地方之外 —— 如果這地方有，又可能逃去的話 —— ，還
能有別的選擇嗎？

　　事實上，在毛澤東去世，文革結束，中國實行改革開放之前，
連這種選擇逃亡的可能性都沒有。

　　不會逃嗎？

　　逃到哪裡去？他反問你。他逃不出這偌大的國家，離不開
他領工資吃飯，那蜂窩樣的的機關大樓，他的城市居民戶
口和按月領的糧票（二十八斤），和油票（一斤），和糖票
（半斤），和肉票（一斤），和一年一度發的布票（二十尺），
和按工資比例購買手錶、自行車或毛線等日用品的工業卷
（二‧〇五張），以及他的公民身分，都由他那個蜂窩裡配

8　同上，P.342-343。
9　同上，P.203。

給。他這隻工蜂離開那蜂巢又能飛到哪裡去？[10]
在那樣的組織極為嚴密，控制極為徹底，鎮壓手段又極為殘酷的
強權社會裡，一個人沒有反抗的餘地，也沒有沉默的權利，甚至
連逃亡也不知逃到哪裡去 —— 你要想學伯夷叔齊都不可能，一個
人不是蟲也是蟲，只能隨著大家「胡亂撲騰」：

> 他說他別無選擇，就是一隻棲身在這蜂巢裡的蜂子，既然
> 蜂窩染上瘋病，可不就相互攻擊，胡亂撲騰，他承認。
>
> 這胡亂撲騰就救得了命？你問。
>
> 可已經撲騰了呀，他當初能意識到，就不是蟲子了，他苦
> 笑。一隻會笑的蟲，多少有點怪異，你貼近端詳他。

> 怪異的是這世界，並非是寄生在這窩裡的蟲子，這蟲說。[11]

這是「他」，自然也是高行健，在逃出了中國，定居西方，變為「你」
之後，對當年的「他」的一番審視。一個染上瘋病的蜂窩，一群
相互攻擊、相互撲騰的蜂子，這個荒誕的意象極其確切極其生動
地描繪了文化大革命中的中國 —— 當然是在負面的意義上。

《一個人的聖經》就是一隻有幸逃出蜂窩的蜂子，在回憶中
對當年那個發瘋的蜂窩和不得不跟著胡亂撲騰的自己的一番審
視、解剖與批判。這隻蜂子如今變成了一隻自由自在的鳥，他在
回憶過去的同時品味著今天的自由，深感這自由來之不易，他決
意不回頭，「從籠子裡飛出的鳥再也不肯鑽進籠子裡去。」[12]他寧
可滿世界飄盪，享受這流亡／逃亡中的自由與快樂：

---

10 同上，P.269。
11 同上，P.269-270。
12 同上，P.152。

那過去的一切已如此遙遠，你滿世界晃蕩，並不真悲傷。……你輕飄飄，飄盪而失去重量，在國與國，城市與城市，女人與女人之間悠遊，並不想找個歸宿，飄飄然只咀嚼玩味文字，像射出的精液一樣留下點生命的痕跡。你一無所得，不再顧及身前生後事，既然這生命都走撿來的，又何必在乎？[13]

自由是自由了，但這經由逃亡得來的自由顯然是沉重的，並不如「你」表面上所說的那麼「輕飄飄」，任何人讀這段文字，都不難感受那種深沉的失落（「失去重量」）的悲哀。

二、

　　高行健的「逃亡」如果僅止於從某種政治控制下逃亡，從一個沒有自由的地方逃亡，那麼，高行健最多只是一個批判極權專制的作家。高行健的深刻處在於他把這種在極權政治下被玩弄，被操控而身不由己的屈辱經驗轉化為一個更一般性的人生經驗，即：他無論何時何地，總覺得自己被一隻巨大的魔掌 —— 命運的魔掌、死亡的魔掌操控著，他時時刻刻生存在這隻魔掌的陰影之下，他非常不甘願，然而莫可奈何。

　　這種人被命運的魔掌所操控，走投無路，不斷掙扎，終歸徒然的意象反復出現在高行健的筆下，這幾乎成了高行健所有作品都擺脫不掉的一個重要旋律。

　　《靈山》第十節（P.62-68）寫我在原始森林中所見到的奇麗

---

13 同上，P.422，426。

景象以及後來因迷路而產生的恐怖，其實也是一則人生寓言，這
一節快結束的時候作者寫道：

> 灰色的天空中有一棵獨特的樹影，斜長著，主幹上分為兩
> 杈，一樣粗細，又都筆直往上長，不再分枝，也沒有葉子，
> 光秃秃的，已經死了，像一隻指向天空的巨大的魚叉，就
> 這樣怪異。我到了跟前，竟然是森林的邊緣。那麼，邊緣
> 的下方，該是那幽冥的峽谷，此刻也都在茫茫的雲霧之中，
> 那更是通往死亡的路。……
>
> ……此刻，我像一隻掉進這恐怖的羅網裡又被這巨大的魚
> 叉叉住的一條魚，在魚叉上掙扎無濟於改變我的命運，除
> 非出現奇蹟，我這一生中不又總也在等待這樣或那樣的奇
> 蹟？[14]

在《靈山》將近收尾的第六十六節作者重提「死寂的原始林莽」
與「古怪的魚叉」，並且用大段大段的虛實交融的描寫把它們同某
種人生經驗勾連在一起：

> 對死亡最初的驚慌，恐懼，掙扎與躁動過去之後，繼而到
> 來的是一片迷茫。你迷失在死寂的原始林莽中，徘徊在那
> 棵枯死了只等傾倒的光秃秃的樹木之下。你圍著斜指灰濛
> 濛上空的這古怪的魚叉轉了許久，不肯離開這唯一尚可
> 辨認的標誌，這標誌或許也只是你模模糊糊的記憶。
>
> 你不願意像一條脫水的魚釘死在魚叉上，與其在搜索記憶
> 中把精力耗盡，不如捨棄通往你熟悉的人世這最後的維

---

14 高行健：《靈山》），台北，聯經，1990 年 12 月初版，2000 年 12 月初版三
刷，P.68。

繫。你自然會更加迷失，畢竟還抱有一線生機，這已是非常明白的事。

你發現你在森林和峽谷的邊緣，又面臨最後一次選擇，走回到身後茫茫林海中去，還是就下到峽谷裡？陰冷的山坡上，有一片高山草甸，間雜稀疏灰暗的樹影，烏黑崢嶸處該是裸露的岩石。不知為什麼陰森的峽谷下那白湍湍的一線河水總吸引你，你不再思索，甩開大步，止不住跑了下去。

你即刻知道再也不會回到煩惱而又多少有點溫暖的人世，那遙遠的記憶也還是累贅。你無意識大喊一聲，撲向這條幽冥的忘河，邊跑邊叫喊，從肺腑發出快意的吼叫，全然像一頭野獸。你原本毫無顧忌喊叫著來到世間，爾後被種種規矩、訓戒、禮儀和教養窒息了，終於重新獲得了這種率性盡情吼叫的快感，只奇怪竟然聽不見自己的聲音。你張開手臂跑著，吼叫，喘息，再吼叫，再跑，都沒有聲息。你看見那湍白的一線也在跳躍，分不清哪是上端哪是下方，彷彿在飄搖，又消融在煙雲之中，沒有輕重。舒張開來，得到了一種從未體驗過的解脫，又有點輕微的恐懼，也不知恐懼什麼，更多是憂傷。

你像是在滑翔，迸裂了，擴散開，失去了形體，悠悠然，飄盈在深邃陰冷的峽谷中，又像一縷游絲，這游絲似乎就是你，處在不可名狀的空間，上下左右，都是死亡的氣息，你肺腑寒徹，軀體冰涼。

你摔倒了，爬起來，又吼叫著再跑。草叢越來越深，前去

越加艱難。你陷入灌叢之中，用手不斷分開枝條，撥亂其間，較之從山坡上直衝下來更費氣力，而且需要沉靜。

你疲憊極了，站住喘息，傾聽嘩嘩的水聲。你知道已接近河邊，你聽見漆黑的河床中灰白的泉水洶湧，濺起的水珠一顆顆全像是水銀閃閃發亮。水聲並非嘩嘩一片，細聽是無數的顆粒在紛紛撒落，你從來沒這樣傾聽過河水，聽著聽著居然看見了它的映像，在幽暗中放光。

你覺得你在河水中行走，腳下都是水草。你沉浸在忘河之中，水草糾纏，又像是苦惱。此刻，一無著落的那種絕望倒也消失了，只雙腳在河床底摸索。你踩著了卵石，用腳趾扒緊。真如同夢遊，在黑幽幽的冥河中，惟有激起水花的地方有一種幽藍的光，濺起水銀般的珠子，處處閃亮。你不免有些驚異，驚異中又隱約歡欣。

隨後你聽到了沉重的嘆息，以為是河水發出的，漸漸辨認出是河裡溺水的女人，而且不只一個。她們哀怨，她們呻吟，一個個拖著長髮從你身邊淌過，面色蠟白，毫無一點血色。河水中樹根的空洞叫水浪拍打得咕嚕咕嚕作響的地方，有一個投水自盡的女孩，她頭髮隨著水流的波動在水面上飄盪。河流穿行在遮天蔽日的黑魆魆的森林裡，透不出一線天空，溺水的女人都嘆息著從你身邊淌走，你並不想拯救她們，甚至無意拯救你自己。

你明白你在陰間漫遊，生命並不在你手中，你所以氣息還延續，只出於一種驚訝，性命就懸繫在這驚訝的上一刻與下一刻之間。只要你腳下一滑，腳趾趴住的石頭一經滾動，

下一腳踩不到底，你就也會像河水漂流的屍體一樣淹沒在冥河裡，不也就一聲嘆息？沒有更多的意義。你也就不必特別留心，走著就是了。靜靜的河流，黑死的水，低垂的樹枝上的葉子掃著水面，水流一條一條的，像是在河水漂洗被沖走的被單，又像一條條死狼的皮，都在這忘河之中。你同狼沒有多大的區別，禍害夠了，再被別的狼咬死，沒有多少道理，忘河裡再平等不過，人和狼最後的歸宿都是死。[15]

這就明白無誤地提醒我們，這令人迷茫的原始林莽，這叫人恐怖的古怪的魚叉般的樹，釘在魚叉上的魚，這陰冷的峽谷與幽冥的忘河，決不只是一般的實境描寫，它的的確確是一則人生寓言，是作者對人生的形象把握。

於是，不管你是不是生存在極權政治之下，人生都是一系列的逃亡：從迷茫的原始林莽裡逃亡，從恐怖的魚叉上逃亡，從陰森的峽谷邊緣逃亡，乃至從幽冥的忘河裡逃亡，總之，從命運的魔掌裡逃亡，從死亡的魔掌裡逃亡。高行健在《逃亡》一劇中借一個姑娘和中年人的對話說出了這個意思：

姑娘：路人又怎麼的？誰不都在逃命？

中年人：對了，這就是你、我，也包括他的命運，逃亡才是人的命運。[16]

這個中年人還在劇中另外一個地方說：

我們面臨的只是逃亡！這就是你我的命運。（自言自語）人

15 同上，P.465-467。
16 高行健：《逃亡》，台北，聯合文學，2001，P.45。

> 生總也在逃亡。[17]

人生總也在逃亡，不僅要從有形的魔掌（專制、極權）裡逃亡，還要從無形的魔掌（命運、死亡）裡逃亡。因爲高行健不是一個馴服的人，他不願意順從有形、無形魔掌的操控，但他又是一個十分清醒的人，他不願意欺騙自己，把魔掌說成是仁慈的或可以戰勝的，剩下的便只有逃亡。這逃亡不僅是肉體的，更是精神的。於是，逃亡在高行健那裡，獲得了一種抽象的、永恆的品格。高行健作品中的主人公永遠像一頭被圍捕的獸，四周都是滿佈的陷阱，一有風吹草動，它便拔腳飛跑，但剛剛逃出一個陷阱，便又掉入另一個陷阱……。

從有形的政治的「操控 ── 逃亡」轉爲無形的命運的「操控 ── 逃亡」，是高行健生命經驗的深化。促成這個深化的契機或許就是他 1984 年初被誤診爲肺癌。被誤診爲肺癌使他如此地貼近了死亡，從而比任何時候都更加清楚地看到了命運這隻魔掌的巨大陰影。高行健的重要著作全都作於被誤診爲肺癌之後，不是沒有道理的。

三、

高行健在理論上還把這種「操控 ── 逃亡」的經驗廣泛地推向社會、人生的各個方面，強調人要從各種操控之下逃亡出來，方可得到自由。逃亡就是自救，他說：

> 在強權政治，社會輿論，倫理道學，政黨與集團利益，以

---

17 同上，P.27-28。

及時髦風尚前面，人如果還想保留自身的價值，自己的人
格，精神的獨立，即所謂自由，唯一的出路便是逃亡。倘
這也不能做，人便只有滅亡。[18]

逃亡仍是求得生存，否則，不困死在囚籠裡，便毀滅在眾
人的口舌中，或是隨人流被習俗淹沒，再不，便叫虛榮給
活活折騰到死，且忘乎所從。[19]

古之隱士或佯狂賣傻均屬逃亡，也是求得生存的方式，皆
不得已而為之。現今社會也未必文明多少，照樣殺人，且
花樣更多。所謂檢討便是一種。倘不肯檢討，又不肯隨俗，
只有沉默。而沉默也是自殺，一種精神上的自殺。不肯被
殺與自殺者，還是只有逃亡。逃亡實在是古今人自救的唯
一方法。[20]

反抗者一旦成群，便淪為新的群體的屈從。逃亡才是個人
最好的出路。我以為，最好走活在社會的邊緣，努力保留
批判的權利。[21]

所以，高行健說的逃亡並不只是從強權政治的操控下逃亡，也要
從輿論、習俗、利益、虛榮，乃至同志群體的操控下逃亡，其目
的是保留自身的價值與獨立的精神。也因此，高行健說的逃亡具
有一種積極的品格，「所謂逃亡並非只是哲學意義上的自我解脫」

18　高行健：〈巴黎隨筆〉，《沒有主義》，香港，天地圖書，1996 年初版，2000
　　年三版，P.21。
19　同上。
20　同上。
21　高行健：〈論文字寫作〉，《沒有主義》，P.55。

[22]，逃亡乃是一種抗爭，對一切異己力量的抗爭，對一切剝奪主體意志，損傷個體尊嚴，戕害獨立精神的異己力量的抗爭。

　　有人批評高行健宣揚逃亡有理，將置反抗的作家於何地？這其實是沒有讀懂高行健，至少是沒有完全讀懂。高行健何嘗不反抗？高行健只是主張不以自殺的方式去反抗，也不主張「結伙」來反抗，或「聽命」來反抗。高行健的反抗其實是更高一級的，更廣泛的，他不只是主張反抗某一特定的政權或勢力而已，他主張反抗一切強權，解除一切束縛人的自由意志與獨立精神的枷鎖，他主張沖決一切羅網。

四、

　　逃離強權的魔掌是可能的，高行健做到了；沖決精神羅網也是可能的，高行健的作品在很大程度上做到了；然而要逃離命運的魔掌要難得多，至於逃離死亡的魔掌就完全不可能了。然而，對於人而言，最根本的逃亡正是逃離這不可逃離的死亡。高行健當然極明白這一點，所以不論他裝得多麼豁達，多麼不在乎，某種浸透到骨子裡的無力、無奈、沮喪、灰暗、絕望，始終都不曾離開他的作品。逃亡與絕望於是形成高行健作品的基調。瑞典皇家學院在頒獎頌辭中稱讚他有「刻骨的洞察力」、「識見深遠，見解獨到，不認為這個世界是可以解釋的。」[23]不過是從另一個角度來描述與詮釋這種基調。

　　面對死亡之不可避免，高行健在《一個人的聖經》中替主人

---

22 高行健：〈巴黎隨筆〉，《沒有主義》，P.26。
23 見《一個人的聖經》，聯經，2000 年 12 月初版第七刷，附錄，P.459。

公勉強找到的一條逃亡／逃避之路是「活在當下」，也就是逃進此刻：

> 全能的主創造了這麼個世界，卻並沒設計好未來。你不設計什麼，別枉費心機，只活在當下，此刻不知下一刻會怎樣，那瞬息的變化豈不也很美妙？誰都逃不脫死亡，死亡給了個極限，否則你變成一個老怪物，將失去憐憫，不知廉恥，十惡不赦。死亡是個不可抗拒的限定，人的美妙就在這限定之前，折騰變化去吧！[24]
>
> 你由衷滿意此時此刻，由衷滿意這一虛妄的孤獨，如此透澈，如秋水漣漣，映照的是明晃晃的光影，喚起你內心的涼意。不再去判斷，不再去確立甚麼。水波蕩漾，樹葉飄落就落下了，死對你也該是十分自然的了。你正走向它，但在它到來之前，還來得及做一場遊戲，同死亡周旋一番。[25]

高行健自己，在他的理論性的文章中，說的更多的則是逃進文學，逃進藝術，逃進靜觀世界的「第三隻眼」裡，於是自我獲得某種程度的超越，仿彿變得與世界不相干，以此來逃避生存的焦慮，逃離 —— 哪怕只是暫時的、虛假的 —— 命運與死亡的絕對控制，在精神上保留一點自由與自尊。他說：

> 寫作是一種逃亡。……只有逃亡時，我才感到我活著。[26]
>
> 寫作是對物的世界的超越，人之需要藝術和文學，正是對

---

24 高行健：《一個人的聖經》，P.437。
25 同上，P.438。
26 高行健：〈論文學寫作〉，《沒有主義》，P.60。

這通常壓迫人的物的世界的一種解脫。[27]

人寫作為抗拒死亡，反抗政治壓迫，以及社會和他人施加的壓力，也抗拒自殺。[28]

也許，這（寫作）正是我們需要的賴以為生的一個虛假的根據，以便同那不可抗拒的死亡作鬥爭。[29]

文學創作之於我，不過是一種自救，或者說，是一種自我選擇的生活方式。[30]

高行健的意思可以寫成下面的等式：

寫作＝逃亡＝抗拒死亡＝生命存在的一種方式

寫作既然是逃亡，就其終極性而言，且是一種沒有成功希望的逃亡，它必然只是暫時的、虛假的，也必然不具有根本的意義，既不可能逃離死亡，也不可能改變世界，它頂多只是一種不甘屈服的姿態，「一個小小的挑戰的姿態」[31]，「儘管也無濟於事，總算是個姿態」[32]，「褻瀆」一下「這個世界」[33] —— 也就是褻瀆一下命運的魔掌而已。從這個意義上講，終極的無力感與絕望感也就是難以避免的，然而它終究是一種抗爭，總比自始就屈服，就順從來得好。

五、

---

27 高行健：〈論文學寫作〉，《沒有主義》，P.49-50。
28 同上，P.43。
29 同上，P.42。
30 高行健：〈中國流亡文學之困境〉，《沒有主義》，P.110。
31 高行健：〈論文學寫作〉，《沒有主義》，P.51。
32 高行健：《沒有主義·自序》，P.5。
33 高行健：《一個人的聖經》，P.144。

　　高行健從特殊的暴政經驗進而體味到的一般的生存困境，正是萬古以來困擾人類的永恆悲劇，也正是這一點與我們每一個人的深層生命經驗相貼合，從而深深地感動我們。

　　人一出生便面對死亡，生命的每時每刻都是與死亡的抗爭，這是一場英勇而卓絕的抗爭，然而也是從一開頭就注定失敗的抗爭，從某種意義上來講，人的一生也就是不斷與死亡抗爭而最終歸於失敗的過程。所有的宗教與哲學，其最根本最核心的部分都是試圖解決人類如何面對死亡的問題。解決的辦法說來說去無非是四種，第一種是取消死亡，即視死亡為虛假，把死亡說成是生命由一個階段通向另一個階段的門檻，大抵所有的宗教都屬於這一類，基督教、伊斯蘭教、猶太教的天國，佛教的輪迴，道教的羽化登仙皆莫尋非此意。第二種是懸置死亡，把它懸置在意識的某一個遙遠的角落，不去想它而專注於生命本身，孔夫子說：「未知生，焉知死」，「不知老之將至」，即屬此類，積極一點，便導向「三不朽」。第三種是忽視死亡，即不把死亡當一回事，順乎自然，莊子說：「適來，時也。適去，順也。安時而處順，哀樂不能入也。」（來指生，去指死）陶淵明說：「縱浪大化中，不喜亦不懼。應盡便須盡，無復獨多慮。」即是此類。第四種可稱為置換死亡，即以群體生命來置換個體的死亡，從最世俗的「傳宗接代」到志士的「殺身成仁」，乃至革命者的「犧牲小我，成全大我」、「創造宇宙繼起之生命」都屬此類。

　　然而所有這些解決辦法終歸都不是根本的解決辦法，無非是延宕、安慰、轉移而已，死亡始終是一把達摩克利斯之劍，高高地、懍然地懸在每一個活人的頭上，無分貴賤貧富。這是人類永

恆的悲劇，與死亡抗爭的一切努力最終都歸於徒勞，西方神話中的西緒弗斯推石上山，中國神話中的夸父追日，就是這一悲劇的形象化。

從這個意義上，我們竟可以說，高行健的「逃亡」就是人類生存困境的現代神話。人類永遠在「逃亡」中，每一個人都在「逃亡」，生命就是「逃亡」，「逃亡」即「抗爭」，「逃亡／抗爭」就是存有的方式。「逃亡／抗爭」最終是無望的，然而「逃亡／抗爭」是必要的。生命之美好就在於「逃亡／抗爭」的努力，正是「知其不可為而為之」或者換一種說法：「絕望之為虛妄，正與希望相同。」[34]

強者與弱者大概都不會喜歡高行健的作品，強者討厭他的消極，弱者害怕他的清醒，唯瞭然於個人之脆弱而在精神上又不甘屈服者，或可領略與欣賞其中的況味。

高行健的作品使我們隱痛。

高行健的作品讓我們沉吟。

2003 年 12 月，台北

---

34 魯迅引匈牙利詩人裴多菲語，見《野草·希望》，《魯迅全集》二卷，北京，人民文學出版社，1987 年，P.178。

論高行健小說敘事中人稱
轉換手法的理論與實踐

一、前言

關於小說的藝術功能（或說任務），過去的小說理論主要有兩種，一種認為小說的任務是敘說故事，另一種認為小說的主要任務是刻畫人物，是塑造典型環境中的典型人格。

前者如英國小說家兼文學評論家愛‧摩‧福斯特（E‧M‧Forster，1879－1970）的觀點，他在《小說面面觀》說：

> 沒錯，小說就是講故事。故事是小說的基本面，沒有故事就不成為小說了。可見故事是一切小說不可或缺的最高要素。[1]

後者如前蘇聯與中共所奉行的馬克思主義文學理論，主要論點出自恩格斯（Friedrich Engls，1820－1895），他在一封書信中指出，現實主義「除了細節的真實之外，還要真實地再現典型環境中的典型人物。」[2]

1　愛‧摩‧福斯特，《小說面面觀》，廣州，花城出版社，1984，p.22-23。
2　這種觀點在中共印行的各種文學理論書籍及教材中被廣泛地引用，文革後1981年左右還引起過一場論爭，參看潘旭瀾主編《新中國文學辭典》，南京，江蘇文藝出版社，1993，p.788-789。

　　針對上述兩種觀點，高行健在他自己所著短篇小說集《給我老爺買魚竿》的〈跋〉中表示了截然不同的看法，他說：

> 用小說編寫故事作為小說發展史上的一個時代早就結束了。用小說來刻畫人物或塑造性格現今也已陳舊。就連對環境的描寫如果不代之以新鮮的敘述方式同樣令人乏味。如今這個時代，小說這門古老的文學樣式在觀念和技巧上都不得不革新。[3]

高行健是一個對小說的藝術性有高度的自覺，並從理論到實踐都力求創新的作家。從上面一段話可以看出他清醒地認識到傳統理論已經過時，「編寫故事」和「刻畫人物」都不足以範圍現代小說的藝術功能，小說的藝術精隨在於「敘述方式」，他顯然以革新小說的敘述方式自命。

　　根據西方學者近幾十年的大量研究，我們可以得出結論：小說藝術的精髓即在敘事，敘事學（narratology）幾乎可以包括所有的小說理論，高行健抓住「敘述方式」或說「敘事方式」，可以說抓住了小說藝術的關鍵問題。

　　從哪些方面去革新小說的敘事方式呢？高行健在上述〈跋〉的下文中談到他的三點努力，這三點努力可以大致歸納為：一、語言及其趣味；二、不同人稱及其轉換；三、敘事者及主觀的敘述角度。[4]

　　限於篇幅，本文擬集中討論第二點，即不同人稱及其轉換的問題。

---

3 高行健，《給我老爺買魚竿》，台北，聯合文學出版社，1989 年，p.260。
4 高行健，《給我老爺買魚竿》，台北，聯合文學出版社，1989 年，p.260-261。

二、人稱轉換的理論

高行健說：

> 我在這些小說中不訴諸人物形象的描述，多用的是一些不
> 同的人稱，提供讀者一個感受的角度，這角度有時又可以
> 轉換，讓讀者從不同的角度和距離來觀察與體驗。[5]

我們不妨把高行健這段話的意思即其所用的方法，簡稱為「人稱
轉換」，事實上，高行健自己在其 1981 年所著的《現代小說技巧
初探》一書中就有一節徑題為〈人稱的轉換〉。在其他許多地方，
他也屢次使用「人稱轉換」一詞。簡言之，「人稱轉換」就是靈活
使用三個人稱並創造性地加以轉換（如以「你」代「我」，以「他」
代「我」之類）用以代替人物形象的塑造與描述的手法。

人稱轉換是高行健對小說敘事技巧的一項重大革新。高行健
對人稱轉換的問題，無論在理論與實踐上都有高度的自覺。在理
論上，他一再談到這個問題，一再強調這個問題的重要性；在實
踐上，我們可以看到他在自己的作品中一再試驗使用不同人稱及
其轉換來代替人物形象的刻畫，直到完全成熟。

我們先來看看他在理論上對人稱轉換的闡述。

其一，

> 不管是東方語言、西方語言，還是拉丁語言，阿拉伯語言，
> 不管是哪種人類的語言，他最終都不約而同體現為三個人
> 稱，或是我，或是你，或是他。[6]

---

5 同註 4。
6 高行健，〈文學的語言〉，香港，《明報月刊》，2001 年 3 月，p.60。

　　高行健在這裡指出三個人稱是人類語言常有的普遍現象。

　　其二，

> 　　西方現代文學中的意識流，從一個主體主發，追隨和捕捉
> 這主體感受的過程，作家得到的無非是個語言的流程。所
> 以，我認為這種文學語言不妨稱為語言流。我還以為這種
> 語言可以表達的更為充分，只要變更這主體感受的角度，
> 譬如變一下人稱，用第二人稱你來代替第一人稱我。或用
> 第三人稱他來代替你，同一主體通過人稱轉換，感知角度
> 也就有所不同。《靈山》中，三個人稱互相轉換表述的都是
> 同一主體的感受，便是這本書的語言結構。而第三人稱即
> 她，則不如說是這一主體對於無法溝通的異性，種種不同
> 的經驗與意念。換言之，這部小說不過是個長篇獨白，只
> 人稱不斷變化而已，我自己寧願稱之為語言流。[7]

高行健這裡指出西方意識流手法的本質是「從一個主體出發，追
隨和捕捉這主體感受的過程」，可謂極中肯。他明確提出以三個人
稱的轉換來表述同一主體的感受，可使這種手法表達得更充分、
更靈活，並以自己的《靈山》為例，證實這種想法的可行性，《靈
山》雖然有三個人稱，再加上異性的「她」，但本質上只是一個長
篇獨白，這跟西方意識流手法其實在本質上是一致的，但鑒於潛
意識實質上之不可表達，高行健寧願把他稱之為語言流，而非意
識流。

　　其三，

---

7 高行健，〈文學與玄學·關於《靈山》〉，《沒有主義》，香港，天地圖書公司，
　2000 年，p.173。

> 我僅僅體現為一種觀點，或者說，一種敘述角度，語言的一個主語，由此誘發出一番感受。我之存在，無非如此這般這番表述。漢語中主語經常省略，動詞又無人稱的變化，敘述角度轉換十分靈巧。從有主語之我到無主語之我，換句話說，從有我到泛我，乃至於無我，再轉換到你，再轉換到他，那你我乃我之對象化，而他我也可視為我之抽身靜觀，或謂之觀想，何等自由。我寫《靈山》的時候，便得到了這種自由。[8]

高行健在這裡再次論述以三個人稱的轉換來代替一個不變主語「我」的觀點，並創造出「有我」、「泛我」、「無我」、「你我」、「他我」等名詞。這裡「有我」指主語「我」實質存在的情形，「泛我」指省去主語「我」而可意會的情形，「無我」指沒有主語我也不宜補上的情形，「你我」指以第二人稱「你」代替「我」的情形，「他我」指以第三人稱「他」代替「我」的情形。高行健又特別指出漢語中主語經常省略，動詞又無人稱變化，故此轉換起敘述角度便十分靈巧，更容易以三個人稱的轉換來替代一個不變的主語「我」－－必須指出，主語雖然由「我」變為三個人稱，但主體還是「我」，這一點並沒有變。

其四，

> 如果說現代小說主要在追求敘述方式的單純，我則試圖不斷演變敘述方式，並且同人稱的轉換結合起來。這也符合我之所謂語言是個流程這種認識。我以為，語言意識的這

---

8 同註 7，p.174-175。

種隨意性更接近心理活動的真實。同時，我寫作的過程中，
這種轉換起初給我帶來的是一種快感，隨後我又認識到已
成了我的一種需要。對某種敘述方法得以把握與再加以拋
棄，只要不造成對語言的破壞，語言的流程便不致中斷，
因此這種轉換應該漸進而有限度，否則便是一團混亂。[9]

高行健在這裡指出人稱轉換雖是他演變（即革新）敘述方式的有
意嘗試，但卻是根源於心理活動的真實，並非人為造作或故弄玄
虛。他接著指出，人稱轉換必須漸進而有限度，即必須自然，必
須合乎心理活動的真實，最重要的是不能造成對語言的破壞，不
能中斷語言的流程。對高行健自己而言，人稱轉換從帶來快感到
成為一種需要，正是從試驗到掌握其規律的過程。

其五，

人稱的這種轉變，並非一種語言的遊戲，有其心理根據。
男人進行內省的時候，把自我作為對方「你」來解剖可以
減輕心理障礙，內心獨白時，很容易變成第二人稱。女性
內省時，往往把自己異化為第三者「她」，才能把承受的痛
苦發洩出來。進入到內心獨白或交流的時候，潛意識也通
過語言人稱的變化流露出來。[10]

這一段可以視為對前一段的補充或註解，前一段說人稱轉換根源
於心理活動的真實，此話有何根據呢？這一段就說明依據何在。
這是高行健對人類心理活動一個很特別又很深刻的觀察，即男性
反省時，或內心獨白中，很容易把「我」變成「你」，而女性反省

9　同註 7，p.177-178。
10　高行健，〈劇作法與中性演員〉，《沒有主義》，p.262。

時，或內心獨白中，很容易把「我」變成「她」，這就是三個人稱轉換的心理依據，這個觀測似未經人道出，也不見心理學者著作中談到這個問題，初聽起來覺得很別致，但有點奇怪，再仔細想想，又覺得這個觀察很深刻，以自己反省或內心獨白驗之，確實有這種情形存在。

其六，

> 我認為戲劇表演存在三重關係……如果熟習傳統戲曲演員的表演，又細細觀察的話，不難發現，演員進入角色的過程裡還有個中介，不妨稱之為中性演員的身份，演員的表演不只具有二重性，而是經過三個層次，即自我－演員－角色。
>
> ……
>
> 對演員來說，不妨可以借助於三個人稱加以把握。……表演這一行為的心理過程正是以「我」這自我，通過「你」即演員的身體，扮演成「他」的角色，得以實現。這集我你他於一身的演員，在實際的表演過程中，三者的關係往往更為複雜，我中有你，你中有他，他中也時不時有我，尤其當目光投向觀眾的時候，往往也難以區分這我你他。但是這種區分在演員進入角色的時候卻極為有用，這種內視的意識恰恰幫助演員在幽冥中樹立若干座標，引導他盡快進入角色。[11]

在上面這兩段論述中，高行健把人稱轉換的觀點引入戲劇領域，

---

11 高行健，〈我的戲劇和我的鑰匙〉，《沒有主義》，p.238，p250。

建立他有名的表演三重理論，這是他在現代戲劇理論上一個重要的貢獻。由此也可以看出，人稱轉換的手法及其理論在高行健的藝術創作中佔有何等重要的地位，即不只用之於革新小說的敘事方式，也用之於革新戲劇的表演技巧。因爲已越出篇題的範圍，我們就點到爲止。

高行健關於人稱轉換的論述還很多，不限於以上六處。但以上六處是重要的、集中的，其他限於篇幅，就不一一縷述了。

三、人稱轉換的實踐

高行健在〈文學與玄學·關於《靈山》〉一文中說道：

> 我《靈山》之前寫的那些小說，找尋的是敘述角度和敘述方式，《給我老爺買魚竿》裡收集了我八零年至八六年的十七個短篇，篇篇有所不同，……我著手寫成這本書的時候，就知道這注定不會成爲暢銷書，我花了七年時間才寫成，只因爲我想走得更遠。[12]

高行健「找尋的敘述角度跟敘述方法」，其中最重要的內容就是人稱轉換。從高行健這段話可以看出，他早在寫出《靈山》之前就已有意在進行敘事方式的革新了，這體現在小說集《給我老爺買魚竿》的十七個短篇裡。以下我打算就這十七篇中的若干短篇小說以及長篇小說《靈山》及《一個人的聖經》簡要地評論一下高行健在人稱轉換這個手法上的試驗過程及其得失。

---

12 高行健，〈文學與玄學·關於《靈山》〉，《沒有主義》，香港，天地圖書公司，2000 年，p177。

（一）、〈朋友〉[13]

這篇小說沒有故事情節，只有朋友與「我」的對話，而二人過去的「故事」在對話中神龍見首不見尾地陸陸續續呈現出來。值得注意的是按一般小說的處理，朋友必是第三人稱「他」，而高行健都以「你」稱之，全篇於是變成「我」與「你」之間的對話，小說也就介於第一人稱小說與第二人稱小說之間。但這個「你」仍是實指的第二人稱，並非借指「我」。這篇小說可以看出高行健早期（此小說寫於 1980 年 3 月）對人稱問題的注意，但還談不上人稱轉換的問題。

（二）、〈雨、雪及其他〉[14]

此文寫於 1982 年 2 月，是作者第一篇使用人稱轉換技巧的小說，全文寫敘事者（或感知主體）的心理活動－－回憶他聽到的兩個女孩在公園的對話，由此引出他對人生的思索。但是特別的是這個敘事者（或感知主體）在文中露面的時候並不像一般小說那樣以「我」稱呼自己，而是以「你」的形式出現，這樣就使得本來是一體的敘事者與感知主體在形式邏輯上裂為兩個（因為敘事者在文中露面時邏輯上應該是「我」），從而讀者也就無形中增加了一個感受角度。由於以「你」代「我」，省思的意味也就更加濃厚（正如高行健自己說的：「男人在自省時，把自我當作「你」來解剖，可以減輕心理障礙。」前已引），語言也更加靈活（比方最後一段第一句話：「你愛雨？愛雪？愛月亮的純潔？愛它像一團夢？」若將其中的「你」換成「我」，句子就顯得彆扭而造作。）

13　高行健，《給我老爺買魚竿》，p.1-11。
14　同註 13，p.37-54。

(三)、〈路上〉 [15]

此文也寫於 1982 年，整篇小說從頭到尾是一個在西藏高原開車的司機講給某一位乘客聽的故事，敘事者即這位司機。敘事者的語言十分生動、靈活，尤其是敘事者口中的「你」(或「您」)，有時指聽話者，有時指「他」(故事中另一位重要的角色，即凍死在高原上的一位北京來的科長)，有時指敘事者「我」自己，有時甚至兼攝「他」和聽話者，轉換十分靈巧，需要讀者細心領會。這是作者早期試驗人稱轉換技巧一篇非常重要也很成功的小說。

(四)、〈海上〉 [16]

此文寫於 1983 年 3 月。小說的框架是敘事者「我」講自己單位的故事，有一位聽話者「你」，但在文中沒有露面。與一般小說寫法不同的是，敘事者以「我」自稱，面對聽話者呼「你」這種通常的「正確」的寫法全文只出現了兩次 (都在前三段中)，其餘大部分敘事者都以「你」自指，顯然也是作者早期試驗人稱轉換技巧的例子，但不算很成功。

(五)、〈圓恩寺〉 [17]

此文寫於 1983 年。小說是敘事者「我」講「我」和新婚妻子方方蜜月旅行的故事給一群朋友 (「你們」) 聽，方方不是聽者之一，所以文中以「她」呼之。但奇怪的是，文中偏有四、五處敘事者以「你」來稱呼方方，彷彿方方也在聽者之中，讀起來覺得不順暢。這顯然也是作者早期試驗人稱轉換技巧而不大成功的

---

15 同註 13，p.55-65。
16 同註 13，p.87-94。
17 同註 13，p.144-154。

例子。

（六）、〈河那邊〉[18]

此文寫於 1983 年 3 月。在高行健的短篇小說中，這是很重要的一篇，也是很成功的一篇。這篇小說寫作者去拜訪在文革中保護過他現時隱居在山裡的一位老幹部方書記，寫得優美，富於感情，像一首詩，寄託著作者的嚮往和某種無奈。高行健在此文中運用人稱轉換的手法顯得純熟而得心應手。敘事者講自己的經歷而以「你」來指稱自己，造成兩個角度（參看對〈雨、雪及其他〉的分析）。同時這「講」就變成一種回憶，一種自我反省，一種內心獨白，一種喃喃自語。順便說一句，高行健的大部分小說都是一種「自語」，這是與一般第一人稱或第三人稱小說都明顯不同的特色。

我還想指出的一點是，這篇小說以「你」自指，以現在與過去對映，以文革為內容，在這幾點上幾乎都已為日後的長篇小說《一個人的聖經》奠基。小說中的方書記就是《一個人的聖經》中的陸書記的原型。

（七）、〈給我老爺買魚竿〉[19]

此文作於 1986 年 7 月。全文用意識流手法寫成，這不僅是高行健寫得最好的一篇意識流小說，恐怕也是中國現代小說中使用西方意識流手法最道地最好的一篇小說。這篇小說的人稱轉換十分靈活，敘事者時而自稱「我」時而又用「你」來自指，用「你」自指的時候，有時是回憶和自省的口氣，有時是模擬妻子和別人

---

18 同註 13，p.177-209。
19 同註 13，p.241-259。

對「我」的問話（這些問話並不用引號，因爲這些問題也是「我」的意識流的內容）。由「我」到「你」，又由「你」到「我」，作者寫來十分順手，沒有一點生硬的痕跡。顯然，在意識流小說中人稱轉換的技巧使用起來會更容易而自然。高行健自己也說，變更意識流中主體感受的角度，即轉換人稱，可使意識流語言表達得更充分（參看本文第二部分「人稱轉換的理論」中所引高行健的話「其二」）。這篇小說可視爲他這種想法的實踐。

（八）、《靈山》

《靈山》這部長篇小說無疑是高行健人稱轉換理論的一次大規模的實驗。從本質上看，《靈山》只是一部長篇的自語，一部長篇的獨白，（高行健自己也這麼說。其實何止《靈山》，高行健的絕大部分小說幾乎都是自語，或說獨白），感知主體其實只是一個，就是隱含作者（implied author）[20]，但是這個主體卻以「我」、「你」、「她」、「他」不同的人稱出現。高行健在該書第五十二節中自己挑明道：

> 你知道我不過在自言自語，以緩解我的寂寞。你知道我這種寂寞無可救藥，沒有人能把我拯救，我只能訴諸自己作爲談話的對手。這漫長的獨白中，你是我講述的對象，一

---

20 隱含作者（implied author）是敘事學上一個重要概念。隱含作者不等於真實作者（real writer），它是真實作者在作品中創造出來的理想的，文學的替身（或說「第二自我」，second self）。隱含作者有意無意地選擇了讀者讀到的東西，他是他自己選擇的東西的總合。因此，隱含作者也就是讀者在讀完作品後得到的作者的總體印象 —— 不管這印象在多大程度上等同於真實的作者。參看 W · C · 布斯著，華明、胡曉蘇、周憲譯：《小說修辭學》，北京，北京大學出版社，1987 年，p.77-84 及 M · H · 艾布拉姻斯著，朱金鵬、朱荔譯，《歐美文學學術詞典》，北京，北京大學出版社，1990 年，p.240-242。

個傾聽我的我自己，你不過是我的影子。當我傾聽我自己
你的時候，我讓你造出個她，因為你同我一樣，也忍受不
了寂寞，也要我尋個談話的對手。你於是訴諸她，恰如我
之訴諸你。她派生於你，又反過來確認我自己。[21]

他又在別一處說：

我得到了這本書（即《靈山》）第一層結構：第一人稱我和
第二人稱你，前者在現實世界中旅行，由前者派生出的後
者則在想像中神遊。隨後，才由你中派生出她，再隨後，
她之化解又導致我之異化為他之出現。這便是小說的大致
結構，期間我又覺察到人的語言心理的層次，與這種結構
竟相當吻合，……[22]

值得注意的是，《靈山》的這種結構同我們前面所分析的多篇小說
的人稱轉換手法顯然並不相同。在那些小說中，感知主體多半就
是小說的敘事者，只不過這位敘事者有時自稱「我」，有時卻以「你」
自指，或者以「你」自指到底（例如〈河那邊〉），但無論「我」、
「你」都指同一個人，這被指的敘事者（即感知主體）並未「裂
化」為「你」、「我」二人。但是《靈山》卻不然，《靈山》中的感
知主體至少在形式邏輯上已「裂化」為「我」、「你」、「她」、「他」，
這「我」、「你」、「她」、「他」雖然在本質上都是從感知主體派生
出來，他們共同表達感知主體的生存經驗，但在形式上，他們是
不同的個體，我們在小說的閱讀中，並不能得出「你」就是「我」，

---

21 高行健，《靈山》，台北，聯經文學，2000 年初版三刷，p.340-341。

22 高行健，〈文學與玄學‧關於《靈山》〉，《沒有主義》，香港，天地圖書公司，
　　2000 年，p.177。

「她」就是「你」，「他」就是「我」的印象。[23]

　　那麼，《靈山》的這種結構算不算人稱轉換？高行健自己說是的，他說：「《靈山》中，三個人稱相互轉換表述的都是同一主體的感受，便是這本書的語言結構。」[24]這樣說來，人稱轉換作爲一種述事手法，在高行健那裡至少有兩種含義：第一種是大的，整體的，是整個小說的結構問題。即一個感知主體（往往即隱含作者）裂化爲三個人稱，共同表述主體的感受，如《靈山》；第二種是小的，片斷的，即兩個或三個人稱同指一個感知主體（往往即敘事者）或一個人稱指稱不同的感知主體（如前文分析過的〈路上〉）。

（九）、《一個人的聖經》

　　《一個人的聖經》正好視爲整合上述兩種含義的一個最好的例子。一方面，人稱轉換的技巧在這本小說中體現爲大的，有整體架構的意味。在小說中，感知主體（即這本小說的述事者，這位敘事者雖不即是隱含作者，但在很大程度上接近隱含作者），裂化爲「你」與「他」，關於「你」與「他」的交替敘寫（「你」與「他」並非敘事者，小說的敘事者始終沒有露面，如果露面當然還是「我」，「你」與「他」是「我」的裂化）即是全書的大結構。在這一點上，《一個人的聖經》接近《靈山》。但是另一方面，《一個人的聖經》中的「你」、「他」，我們很快就發現他們是指同一個人，即未曾露面的「我」（如第五節寫「他」的故事，末段卻直接

---

23 當然，敘事者有時以「我」自指，有時以「你」自指，這種前文分析的人稱轉換手法《靈山》中也有，但只是存在於片斷的敘述中，這裡是指整體結構而言。

24 前已引，參看註 7。

跳到「你」），所以寫到後來，「你」、「他」互指，「你」、「他」對話，完全變成一個人了。而《靈山》中的「我」、「你」、「他」形式上始終沒有交集，儼然就是幾個不同的人物。[25]在這一點上，《一個人的聖經》與《靈山》不同，而與我們分析的《靈山》之外的其他小說的人稱轉換技巧相同。我們可以說，無論在人稱轉換的哪種含義上，《一個人的聖經》都是最佳的範例。順便說一句，我以為無論在思想意義或藝術完整性上，《一個人的聖經》都是高行健最成熟的小說，超越《靈山》。

四、結　語

　　高行健是大陸成長的作家中極少數以技巧取勝的作家之一，他的劇本《車站》、《野人》、《彼岸》等的出版，都曾引起官方的批評與文壇的廣泛討論。他的《現代小說技巧初探》是大陸第一本集中介紹西方現代小說技巧的書，出版後影響很大，著名作家王蒙、李陀、劉心武、馮驥才都圍繞這本書發表了書面的通信，表達同意及讚賞之意，同時自然也有代表官方意思的批評文章。高行健移居法國後，獲得了真正的表述自由，在小說藝術的探索上自然走得更遠，直至 2000 年獲得諾貝爾文學獎，成為舉世聞名的作家。

　　根據前文的分析，高行健在小說的藝術探索方面的努力集中體現在他對小說敘事方式的革新上，而這方面的創造性成果則為人稱轉換技巧的使用。在人稱轉換手法上，他既有理論也有實踐。

25　高行健自己也說：「《靈山》是以人稱替代人物」，見〈文學與玄學・關於《靈山》〉，《沒有主義》，p.176。

在理論上，他認為語言其實是非描述性的，在表達真實上無能為力，語言的作用只是喚起讀者的感受，這比塑造人物，描寫環境更為重要。因此，如何充分地靈活地把感知主體的感受傳達給讀者就成了高行健集中力量突破的關鍵，而人稱轉換的手法便是他獲致的結論。通過人稱的靈活不斷的轉換，迫使或誘使讀者不斷地調整觀察、體驗的角度與距離，就能更有效地把感知主體的感受傳達給讀者。在實踐上，高行健大約從 1980 年前後開始便在自己的短篇小說中嘗試人稱轉換手法的運用，我們看到他有運用得很好的時候，也有用得不大成功的例子，而在長篇小說《靈山》與《一個人的聖經》中我們終於看到高行健人稱轉換手法的大規模運用和成熟的結果。這裡可以注意的是，高行健人稱轉換手法顯然有兩種不同的形式，一種是大的，攸關全書結構的，這種情形下，一個感知主體裂化為三個人稱，這三個人稱形式上互不交集，儼然是不同人物，實質上是以人稱替代人物，但這裂化為不同人稱的人物表達的其實是同一主體的感受。另一種是小的，片斷的，即以不同人稱同指一個主體或一個人稱分指不同的主體，如高行健《給我老爺買魚竿》中的若干短篇。至於《一個人的聖經》則是這兩種形式整合在一起的例子，是高行健人稱轉換手法運用到高度成熟與成功的最佳範例。

2005 年 8 月，台北

論《許三觀賣血記》的文學質素

一、

　　余華的《許三觀賣血記》[1]無疑是一本傑作。比起《許三觀賣血記》來，那些讓余華初出道不久即有聲文壇的「先鋒」作品，現在看來實在只是不太成熟的習作而已。

　　《許三觀賣血記》是很難歸類的作品。有人說，余華從寫《活著》那前後，便由先鋒派投入了「新寫實主義」的陣營，這大體上是可以成立的。《活著》語言的平實、敘事手法的傳統，故事的貼近生存狀態，確實接近新寫實小說，而一點不像搞怪的先鋒。但《許三觀賣血記》卻不像《活著》那麼簡單。固然，它語言也很平實，敘事手法也頗傳統，故事似乎也貼近生存狀態，看起來是很寫實的，並無先鋒的味道。從這個角度來觀察，《許三觀賣血記》似乎也可以歸入「新寫實」。但大多數新寫實小說那種強調接近真實的瑣瑣碎碎的「生活流」描寫在《許三觀賣血記》中其實並不明顯。

　　我在〈論《馬橋辭典》的特色及其在大陸當代文學中的地位〉

1　《許三觀賣血記》初版於 1996 年，由江蘇文藝出版社出版，其後在大陸、臺灣、香港再版多次，並譯成韓、德、義大利等多國文字。本文依據的是臺北麥田出版社於 1997 年 5 月 1 日出版的本子。

一文的結語部分說過一段這樣的話：

> 大陸文革以後文學發展的基本軌跡是從批判現實主義（政治反思與文化反思），中間經過一段曇花一現、苗而不秀的仿西方的現代主義（先鋒文學），到一種新的不受特定意識形態規範的寫實主義（新寫實）逐漸成熟，其間一以貫之的主線是反叛精神 —— 反叛中共（主要是毛澤東）強加給文學的桎梏，反叛文學自身先前因屈服於毛澤東文藝政策而產生的工具性異化，逐步尋回文學的自我，由異化回歸本體。現在看來，《馬橋辭典》可說是勝利碩果的代表，《馬橋辭典》標誌真正與中共革命現實主義完全不同的一種新的寫實主義的成熟。這裡有一種新的立場、新的視角、新的敘事風格。它既沒有感傷主義（如某些傷痕或知青文學所具有的），也沒有民粹主義（如某些尋根文學所具有的），也沒有知識分子的菁英主義（如某些先鋒文學所具有的），甚至也無所謂憤怒和反叛。或者這樣來說吧：它涵匯這一切的因素，而又超越了這一切。……我只是覺得，隨著《馬橋詞典》為代表的一批優秀小說的出現，「新時期」、「後新時期」這些多少與政治、意識型態有相當關聯的術語可以不再理會了，大陸的「純文學」時代應當來臨了。沒有權威，沒有主義，沒有禁忌，沒有對不對，只有好不好，只有文學與非文學，美的作品與不美的作品，這樣的文壇前景在大陸應該是可以憧憬了吧。[2]

---

2 見本書 133-146 頁。

這一段話同樣適用於《許三觀賣血記》，我這裡說的「以《馬橋辭典》爲代表的一批優秀小說」就是包括《許三觀賣血記》在內的。也因爲這個原因，本文討論《許三觀賣血記》，打算直探其文學性的本體，而盡量撇開「先鋒」、「新寫實」這些標籤，少談一點主義，多談一點它之所以爲一本文學傑作的文學性因素。

二、

凡讀過《許三觀賣血記》的人都會說這是一部很好讀的小說。《許三觀賣血記》之所以好讀是因爲它的語言明淨而一致、簡單而有韻律。

打開《許三觀賣血記》，劈頭一段寫許三觀去鄉下看他的爺爺，文章是這樣寫的：

> 許三觀是城裡絲廠的送繭工，這一天他回到村裡來看望他的爺爺。他爺爺年老以後眼睛昏花，看不見許三觀在門口的臉，就把他叫到面前，看了一會兒後問他：
>
> 「我兒，你的臉在哪裡？」
>
> 許三觀說：「爺爺，我不是你兒，我是你孫子，我的臉在這裡……」
>
> 許三觀把他爺爺的手拿過來，往自己臉上碰了碰，又馬上把爺爺的手送了回去。爺爺的手掌就像他們工廠的砂紙。
>
> 他爺爺問：「你爹爲什麼不來看我？」
>
> 「我爹早死啦。」
>
> 他爺爺點了點頭，口水從嘴角流了出來，那張嘴就歪起來吸了兩下，將口水吸回去了一些，爺爺說：

「我兒，你身子骨結實嗎？」

「結實。」許三觀說，「爺爺，我不是你兒……」

他爺爺繼續說：「我兒，你也常去賣血？」

許三觀搖搖頭：「沒有，我從來不賣血。」

「我兒……」爺爺說，「你沒有賣血，你還說身子骨結實？我兒，你是在騙我。」

「爺爺，你在說些什麼？我聽不懂，爺爺，你是不是老糊塗了？」

許三觀的爺爺搖起了頭，許三觀說：

「爺爺，我不是你兒，我是你的孫子。」

「我兒……」他爺爺說，「你爹不肯聽我的話，他看上了城裡那個什麼花……」

「金花，那是我媽。」

「你爹來對我說，說他到年紀了，他要到城裡去和那個什麼花結婚，我說你兩個哥哥都還沒有結婚，大的沒有把女人娶回家，先讓小的去娶，在我們這地方沒有這規矩……」[3]

這一段裡絕大部分是許三觀和他爺爺之間的對話，這些對話都極其簡單，簡單不只是指他們不長，很簡短，更重要的是話裡的內涵都很單純，很明淨，不複雜，和人物的身分非常一致。許三觀是一個文化程度不高的人，頭腦簡單，他的爺爺則不僅簡單，而且有點糊塗。我們注意到，敘事者在這裡的可感度很低，信息是

---

3 余華，《許三觀賣血記》，頁 43-44。

由人物自身的動作與對話來顯示（showing）的。但敘事者也沒有完全消失，下面兩段仍然是敘事者的敘述：

> 許三觀是城裡絲廠的送繭工，這一天他回到村裡來看望他的爺爺。他爺爺年老以後眼睛昏花，看不見許三觀在門口的臉，就把他叫到面前，看了一會兒後問他……[4]

> 許三觀把他爺爺的手拿過來，往自己臉上碰了碰，又馬上把爺爺的手送了回去。爺爺的手掌就像他們工廠的砂紙。[5]

可以注意的是，這裡雖然是敘事者的敘事，其語言的簡單純淨與人物的對話並無二致，換言之，敘事者不僅是站在與人物平等的立場，取與人物一致的角度，而且他簡直就是與人物整個地和諧一致，幾乎沒有程度與內涵上的差異，尤其是「爺爺的手掌就像他們工廠的砂紙」一句，我們簡直說不清這到底是敘事者的敘述，還是人物的意識流？

　　語言的節奏感是我們可以注意的另外一點。儘管許三觀反覆向爺爺說明：「我不是你兒，我是你的孫子」，可是爺爺還是反覆地說：「我兒」、「我兒」、「我兒」，這不僅表現出老頭的糊塗固執，同時也在語言上造成一種迴還複沓的音樂韻律。我們接下去可以看到余華反覆地使用這一手法，例如十二次賣血過程的大同小異，每次賣血前必喝水，賣血後必「吃一盤炒豬肝，喝二兩黃酒」。人物的簡單，悲劇的重複與語言的迴還緊緊扣合在一起，正如一部交響樂中反覆出現的主旋律一樣，既撼動我們的心，也愉悅我們的聽覺，加強我們的記憶。

---

4 同註 3，頁 43。
5 同上註。

我們還可以舉第十八章爲例，這一章以六段很簡單的文字寫1958 年大躍進、大辦鋼鐵，大伙吃食堂的運動及其失敗的經過，前五段全以「許三觀對許玉蘭說」開頭，第六段則結以「許玉蘭說」，讀起來像一首簡單的民謠，有一種特別明快又有點滑稽的旋律。這一章還讓我們讚嘆余華簡單複沓的語言絕對不以犧牲內容的豐富爲前提。這一章短到只有一千五百字，作者卻用一種最不合常理的，然而最精簡，最符合人物格局的文字把這麼一個複雜的歷史事件寫了出來，讀來自然、明快、愉悅，因爲它跟全書的筆調是如此地和諧，如此地一致，實在是一種令人驚嘆的閱讀經驗。

三、

在故事中，許三觀賣血十二次，最後一次沒賣成，所以真正賣血是十一次，度過了他一家在生命歷程中遇到的種種難關。這本來是一個慘酷的悲劇，但是令我們驚訝也令我們佩服的是，作者竟然可以把它們寫成一個滑稽的喜劇，我們一邊讀，一邊笑，只有讀完了，掩卷沉思，我們才感到心裡浮起一種深沉的悲哀。作者手中彷彿有一把哈哈魔鏡，可以把所照到的東西全都扭曲成另一幅樣子，讓我們笑，笑了之後再哭。

我們不妨來看看第二十五章。這一章寫文化大革命，開頭的幾段描述都出自許三觀的口：

> 這一年夏天的時候，許三觀從街上回到家裡，對許玉蘭說：
> 「我這一路走過來，沒看到幾戶人家屋裡有人，全到街上去了、我這輩子沒見過街上有這麼多人，胳膊上都套著個

紅袖章，遊行的、刷標語的．貼大字報的，大街的牆上全是大字報，一張一張往上貼，越貼越厚，那些牆壁都像是穿上棉襖了。我還見到了縣長，那個大胖子山東人，從前可是城裡最神氣的人，我從前見到他時，他手裡都端著一個茶杯，如今他手裡提著個破臉盆，邊敲邊罵自己，罵自己的頭是狗頭，罵自己的腿是狗腿……」

許三觀說：「你知道嗎？為什麼工廠停工了、商店關門了、學校不上課、你也用不著去炸油條了？為什麼有人被吊在了樹上、有人被關進了牛棚、有人被活活打死？你知道嗎？為什麼毛主席一說話，就有人把他的話編成了歌，就有人把他的話刷到了牆上、刷到了地上、刷到了汽車上和輪船上、床單上和枕巾上、杯子上和鍋上，連廁所的牆上和痰盂上都有。毛主席的名字為什麼會這麼長？你聽著：偉大的領袖偉大的導師偉大的統帥偉大的舵手毛主席萬歲萬歲萬萬歲。一共有三十個字，這些都要一口氣念下來，中間不能換氣。你知道這是為什麼？因為文化大革命來啦……」

許三觀說：「文化大革命鬧到今天，我有點明白過來了，什麼叫文化革命？其實就是一個報私仇的時候，以前誰要是得罪了你，你就寫一張大字報，貼到街上去，說他是漏網地主也好，說他是反革命也好，怎麼說都行。這年月法院沒有了，警察也沒有了，這年月最多的就是罪名，隨便拿一個過來，寫到大字報上，再貼出去，就用不著你自己動手了，別人會把他往死裡整……這些日子，我躺在床上左思右想，是不是找個仇人出來，寫他一張大字報，報一下

舊仇。我想來想去，竟然想不出一個仇人來，只有何小勇
能算半個仇人，可那個王八蛋何小勇四年前就讓卡車給撞
死了。我許三觀為人善良，幾十年如一日，沒有一個仇人，
這也好，我沒有仇人，就不會有人來貼我的大字報。」

許三觀話音未落，三樂推門進來，對他們說：

「有人在米店牆上貼了一張大字報，說媽是破鞋……」

許三觀和許玉蘭嚇了一跳，立刻跑到米店那裡，往牆上的
大字報一看，三樂沒有說錯，在很多大字報裡、有一張就
是寫許玉蘭的，說許玉蘭是破鞋，是爛貨，說許玉蘭十五
歲就做了妓女，出兩元錢就可以和她睡覺，說許玉蘭睡過
的男人十輛卡車都裝不下。[6]

這是何其滑稽、何其荒謬的書寫，然而又是何其簡要、何其真實
的描述！這幾段哈哈魔鏡般的文革的鏡像勝過千言萬語的細描，
也勝過所有嚴肅、正規的論述。

最滑稽的還在後面。大字報終於貼到了許玉蘭的頭上，文化
大革命居然革到了送繭工許三觀的家裡。許玉蘭被拉去參加了批
鬥會，被剃了陰陽頭，胸前被掛上了木板，上面寫著「妓女許玉
蘭」。還在家裡開上了批鬥會，在家庭批鬥會上許三觀說的話幾乎
叫人噴飯，可是噴飯之後又叫人心裡發痛發酸。

余華似乎有一種特別的才華，這種才華就是把現實發酵，扭
曲成為一種哈哈鏡像，余華從來就不喜歡照現實的本來樣子去摹
寫現實，而是喜歡把發酵、扭曲之後的心中鏡像用文字表現出來。

---

6 同註 3，頁 200-201。

余華出道不久之後寫的早期名作，如〈十八歲出門遠行〉、〈西北風呼嘯的中午〉，以及稍後的〈現實一種〉、〈世事如煙〉就是這樣。用余華自己的話來說，就是：

> （我）發現以往那種就事論事的寫作態度只能導致表面的真實以後……開始使用一種虛偽的形式。這種形式背離了現狀世界提供給我的秩序和邏輯，然而卻使我自由的接近了真實。[7]

余華這裡說的「背離了現狀世界提供給我的秩序和邏輯」的「虛偽的形式」與我前面所說的「把現實發酵、扭曲成為一種哈哈鏡像」正是一個意思。余華顯然是有意這樣做的，而這樣做的結果不是離開真實，而是更接近真實，這種看似不真實的真實比依照現實的樣子摹寫出來的表面真實離真實更近，因為它去掉了表面真實中大量無助於凸顯真實甚至會掩蓋真實的細節。余華說：「我覺得我所有的創作，都是在努力更加接近真實。我的這個真實，不是生活裡的那個真實。我覺得生活實際上是不真實的，生活是一種真假摻半、魚目混珠的事物。」[8]這種看來很奇怪，有點違背常識的說法，細想是很有深意的。也正是在這裡，余華把自己的作品同「新寫實小說」做了一個耐人尋味的區隔。余華的作品通常帶有一種寓言的性質，而一般的「新寫實小說」則否。

余華的這種才能最充分地表現了一個作家創造力的高度，這樣的作品是一種不折不扣的創造，因為它把「摹寫」的成分降到

---

7 余華，〈虛偽的作品〉，《余華作品集》二（北京：中國社會科學出版社，1994年），頁 278。
8 同註 7。

了最低，它的細節常常很不真實，而它整體上的確更接近了真實。在近代中國作家當中，只有魯迅的〈阿Q正傳〉在這一點上表現得最爲突出。《許三觀賣血記》在創造力上已經相當地逼近了〈阿Q正傳〉。

四、

《許三觀賣血記》之所以好讀，之所以令人感動、耐人深思，還因爲它在文學質素上包含了好幾組二元對立統一的成分：它寫的是一個悲劇，但卻用喜劇的形式包裹著；它的故事是溫情的，卻用冷靜而內斂的筆調包裹著；它寫的是小人物的高貴情操，卻用大量的粗野的文字包裹著；它有極爲莊重嚴肅的內涵，卻用滑稽的使人發笑的細節包裹著。

窮人靠賣血度過難關，這是何等辛酸的事，但作者寫起來卻一點不感傷，不濫情，反而有一點頑皮嘻鬧的味道。下面是許三觀第一次同阿方、根龍賣血後的情節：

> 他們三個人賣完血之後，就步履蹣跚地走向了醫院的廁所，三個人都歪著嘴巴。許三觀跟在他們身後，三個人誰也不敢說話，都低頭看著下面的路，似乎這時候稍一用勁肚子就會脹破了。
>
> 三個人在醫院廁所的小便池前站成一排，撒尿時他們的牙根一陣陣劇烈地發酸，於是發出了一片牙齒碰憧的響聲，和他們的尿沖在牆上時的聲音一樣響亮。
>
> 然後，他們來到了那家名叫勝利的飯店，飯店是在一座石

橋的橋墩，它的屋頂還沒有橋高，屋頂上長滿了雜草，在屋簷前伸出來像是臉上的眉毛。飯店看上去沒有門，門和窗連成一片，中間只是隔了兩根木條，許三觀他們就是從旁邊應該是窗戶的地方走了進去，他們坐在了靠窗的桌子前，窗外是那條穿過城鎮的小河，河面上漂過去了幾片青菜葉子。

阿方對著跑堂的喊道：「一盤炒豬肝，二兩黃酒，黃酒給我溫一溫。」

根龍也喊道：「一盤炒豬肝，二兩黃酒，我的黃酒也溫一溫。」

許三觀看著他們喊叫，覺得他們喊叫時手拍著桌子很神氣，他也學他們的樣子，手拍著桌子喊道：

「一盤炒豬肝，二兩黃酒，黃酒……溫一溫。」

沒多少工夫，三盤炒豬肝和三盅黃酒端了上來，許三觀拿起筷子準備去夾豬肝，他看到阿方和根龍是先拿起酒盅，眯著眼睛抿了一口，然後兩個人的嘴裡都吐出了嗦嗦的聲音，兩張臉上的肌肉像是伸懶腰似的舒展開來。

「這下踏實了。」阿方舒了口氣說道。

許三觀就放下筷子，也先拿起酒盅抿了一口，黃酒從他嗓子眼裡流了進去，暖融融地流了進去，他嘴裡不由自主地也吐出了嗦嗦的聲音，他看著阿方和根龍嘿嘿地笑了起來。[9]

這不是賣血，這似乎在玩一場遊戲，遊戲完了之後大家再去痛痛

---

9 同註3，頁55-66。

快快吃點東西，沒有悲傷，沒有痛苦，只有輕鬆，只有瀟灑，一
派無所謂，一派自得其樂的樣子。

　　我們再來看許三觀第二次賣血前的描寫：

　　　只是這樣太便宜何小勇了，他替何小勇養了九年的兒子，
　　如今還要去替何小勇的兒子償還債務。這樣一想他的心就
　　往下沉了，胸口像是被堵住一樣，所以他就把二樂和三樂
　　叫到了跟前告訴他們何小勇有兩個女兒，君子報仇十年不
　　晚，十年以後，他要二樂和三樂十年以後去把何小勇的女
　　兒強姦了。

　　　許三觀的兩個兒子聽說要去強姦何小勇的女兒，張開嘴咯
　　咯地笑了起來，許三觀問他們：

　　「你們長大以後要做些什麼？」

　　兩個兒子說：「把何小勇的女兒強姦了。」

　　　許三觀哈哈哈哈地大笑起來，然後他覺得自己可以去賣血
　　了。他離開了家，向醫院走去。許三觀是在這天上午作出
　　這樣的決定的，他要去醫院，去找那個幾年沒有見過了的
　　李血頭，把自己的袖管高高卷起，讓醫院裡最粗的針紮到
　　他胳膊上最粗的血管裡去，然後把他身上的血往外抽，一
　　管一管抽出來，再一管一管灌到一個玻璃瓶裡。他看到過
　　自己的血，濃得有些發黑，還有一層泡沫浮在最上面。[10]

這裡也只有一個阿 Q 式的流氓無產者的那種精神勝利法，沒有一
絲一毫的悲傷，反倒有一種復仇後的快感與興奮。

---

10 同註 3，頁 116。

我們再來看余華如何寫許玉蘭生孩子：

> 許玉蘭躺在產臺上，兩隻腿被高高架起，兩條胳膊被綁在產台的兩側，醫生讓她使勁，疼痛使她怒氣沖沖，她一邊使勁一邊破口大罵起來：
>
> 「許三觀！你這個狗娘養的……你跑哪兒去啦……我疼死啦……你跑哪兒去了呀……你這個挨刀子的王八蛋……你高興了！我疼死啦你就高興了……許三觀你在哪裡呀……你快來幫我使勁……我快不行了……許三觀你快來……醫生！孩子出來了沒有？」
>
> 「使勁。」醫生說，「還早著呢。」
>
> 「我的媽呀……許三觀……全是你害的……你們男人都不是好東西……你們只圖自己快活……你們幹完了就完了……我們女人苦啊！疼死我……我懷胎十月……疼死我啦……許三觀你在哪裡呀……醫生！孩子出來了沒有？」
>
> 「使勁。」醫生說，「頭出來啦。」
>
> 「頭出來了……我再使把勁……我沒有勁了……許三觀，你幫幫我……許三觀，我要死了……我要死了……」
>
> 助產的醫生說：「都生第二胎了，還這樣吼叫。」
>
> 許玉蘭大汗淋漓，呼呼喘著氣，一邊呻吟一邊吼叫：
>
> 「啊呀呀……疼啊！疼啊……許三觀……你又害了我呀……啊呀呀……我恨死你了……疼啊……我要是能活過來……啊呀……我死也不和你同床啦……疼啊……你笑嘻嘻……你跪下……你怎麼求我我都不答應……我都不和你同床……啊呀，啊呀……疼啊……我使勁……我還要使

勁……」

助產的醫生說：「使勁，再使勁。」

許玉蘭使足了勁，她的脊背都拱了起來，她喊叫著：

「許三觀！你這個騙子！你這個王八蛋！你這個挨刀子

的……許三觀！你黑心爛肝！你頭上長瘡……」

「喊什麼？」護士說，「都生出來了，你還喊什麼？」

「生出來了？」許玉蘭微微撐起身體，「這麼快。」[11]

這場面何等滑稽，又何等真切，許玉蘭與許三觀倒真是一對活寶。粗野的文字中流露出夫妻之間的真情。許玉蘭三次生孩子，作者用一段不到千字的文章就淋漓盡致地寫完了，這裡文字的簡省、經濟，充滿反覆的韻律感都值得我們再三欣賞。

　　許三觀第四次賣血是在大飢荒的時候，他為了讓全家人去勝利飯店吃一頓麵條而賣血，但他沒讓一樂去，因為一樂不是他的親生兒子，結果一樂一氣之下翹家了，許玉蘭找了半天沒有找到，許三觀把他找到了：

一樂站住了腳，歪著肩膀低著頭，哭得身體一抖一抖的，

許三觀在他身前蹲下來，對他說：

「爬到我背上來。」

一樂爬到了許三觀的背上，許三觀背著他往東走去，先是

走過了自己的家門，然後走進了一條巷子，走完了巷子，

就走到了大街上，也就是走在那條穿過小城的河流旁。許

三觀嘴裡不停地罵著一樂：

---

11 同註 3，頁 69-70。

「你這個小崽子，小王八蛋，小混蛋，我總有一天要被你活活氣死。你他媽的想走就走，還見了人就說，全城的人都以為我欺負你了，都以為我這個後爹天天揍你，天天罵你。我養了你十一年，到頭來我才是個後爹，那個王八蛋何小勇一分錢都沒出，反倒是你的親爹。誰倒楣也不如我倒楣，下輩子我死也不做你的爹了，下輩子你做我的後爹吧。你等著吧，到了下輩子，我要把你折騰得死去活來⋯⋯」一樂看到了勝利飯店明亮的燈光，他小心翼翼地問許三觀：「爹，你是不是要帶我去吃麵條？」許三觀不再罵一樂了，他突然溫和地說道：「是的。」[12]

這一段實在是絕好的文字，如此溫情、深情，簡直催人下淚的情節卻偏偏包裹在如此收斂又如此粗野的文字裡，結果是不僅好讀，而且耐讀，讓人讀完感動得還想再讀一遍，「他突然溫和地說道」這一句真是轉折得妙，可圈可點。

　　作者的筆在真正需要的地方也會偶爾放肆一下，我們看許三觀最後一次賣血，那是他「很想吃一盤炒豬肝，很想喝二兩黃酒」，他要「為他自己賣血」，可是偏偏沒賣成，因為醫院嫌他老了，他的血不好了。許三觀失望地從醫院走出來，他想：「四十年來，每次家裡遇上災禍時，他都是靠賣血度過去的，以後他的血沒人要了，家裡再有災禍怎麼辦？」於是許三觀十二次賣血中，第一次哭了，作者是這樣寫的：

　　許三觀開始哭了，他敞開胸口的衣服走過去，讓風呼呼地

---

12 同註 3，頁 182。

吹在他的臉上，吹在他的胸口；讓混濁的眼淚湧出眼眶，沿著兩側的臉頰刷刷地流，流到了脖子裡，流到了胸口上，他抬起手去擦了擦，眼淚又流到了他的手上，在他的手掌上流，也在他的手臂上流。他的腳在往前走，他的眼淚在往下流。他的頭抬著，他的胸也挺著，他的腿邁出去時堅強有力，他的胳膊甩動時也是毫不遲疑，可是他臉上充滿了悲傷。他的淚水在他臉上縱橫交錯地流，就像雨水打在窗玻璃上，就像裂縫爬上快要破碎的碗，就像蓬勃生長出去的樹枝，就像渠水流進了田地，就像街道佈滿了城鎮，淚水在他臉上織成了一張網。[13]

這一段把許三觀的哭寫得淋漓盡致，許三觀十二次賣血，只有這一次哭了，卻哭得如此傷心，如此動情，他不是爲自己哭，他是爲一家人哭，怕將來遇到災禍沒有辦法度過。但他也是爲自己哭，許三觀十一次爲他人賣血，許三觀用血的代價造就了自己在家人面前的權力與自尊，現在血沒人要了，他如何能不感到權力與自尊的失落？他如何能不感到自我價值的喪失？作者在這裡，少見地用放肆的筆調寫許三觀之哭自有其深刻的用意。

五、

本文重點在探討《許三觀賣血記》一書的文學質素，但絲毫不表示《許三觀賣血記》在思想內容上沒有豐厚的內涵。恰恰相反，《許三觀賣血記》一書在思想上的批判意識，啓發我們對社會

---

13 同註 3，頁 288。

與人生的深長思索是極爲廣闊的，然而那需要另一篇文章來說明。我願意在下文中約略地提出幾點，一方面表明我毫無低估《許三觀賣血記》的思想價值之意，同時也作爲本文的結束。

第一，許三觀以十一次賣血來度過難關，養活家人，不能不令我們對中共統治下作爲領導階級的工人的真實社會地位作一個深長的再思索，這本小說根本上的諷刺意義大概是無須再點明的吧。

第二，小說中對大躍進、大辦鋼鐵、大伙吃食堂乃至其後的大饑荒，還有文化大革命都沒有作正面的描寫，只是在寫許三觀一家如何度過這些劫難時作了若干陪襯的敘述，但是作者深刻的諷刺和批判的意思不是十分明顯的嗎？想想許三觀用嘴巴給全家人炒菜的那場深刻而滑稽的「精神會餐」，怎能不聯想中共用來騙取一代人勒緊褲帶的烏托邦理想呢？

第三，文革中許三觀一家的遭遇，尤其是許玉蘭被當作妓女陪鬥，又在家中開批鬥會的情節，讀起來實在令人覺得匪夷所思，忍俊不禁，然而細想一下，這是何等殘忍，何等恐怖的社會現實？

第四，許三觀與一樂間的血緣認同鬧劇何其吊詭滑稽，這種對於血緣、宗親的執著，令我們想起流行於中共文革中的血統論，於是我們了然，這豈只是寫許三觀一個人的封建落後思想？這裡面難道沒有對以消滅封建、消滅階級爲最後目標的中共社會現實的深刻反諷？

總之，《許三觀賣血記》的成就是多方面的，但此文既然把重點放在論述它的文學質素上，思想方面就不擬展開分析，但即使只限於以上簡要提點，也足以讓我們對《許三觀賣血記》的思

想深度有不凡的印象了。

2005 年 6 月，台北